小学4年生

文章読《どっ》解《かい》にぐーんと強くなる

学習指導要領対応

KUMON

この本の使い方

❶ 1回から順《じゅん》に、学習しましょう。

❷ 問題をといたら、答え合わせをして、点数をつけます。つけ方がわからないときは、おうちの方に見てもらいましょう。
答えに文字数などの指定がない場合、習っていない漢字は、ひらがなで書いていても正かいです。

❸ まちがえたところは、かい説《せつ》を読んでもう一度取り組みます。100点にしたら、終わりです。

※ かん末《まつ》の「別冊解答書《べっさつかいとうしょ》」は、取り外して使います。

もくじ

話題と説明をつかむ―話題

◆ 次の文章を読んで答えましょう。

〔日本では、多くの種類《しゅるい》のコウモリが見られる。中でもアブラコウモリは、東京《とうきょう》やそのまわりでたくさん見られるコウモリである。〕

しかし、このアブラコウモリ、どうして都会でこんなにも見られるようになったのでしょう。その大きな理由のひとつに、①都会の*1温暖化《おんだんか》があげられます。

都会全体が大きな大きな熱《ねつ》の島のようになるため、「ヒート（熱の）アイランド（島）現象《げんしょう》」などとも呼《よ》ばれるこの状態《じょうたい》は、主に、次の②ふたつが原因《げんいん》といわれています。

町全体が、熱をたくわえやすいアスファルトやコンクリートなどにおおわれたため、昼間照《て》りつけた太陽の熱が、夜になって発散《はっさん》されにくくなったことと、自動車やエアコンの*2室外機《しつがいき》な

1 くり返し出てくる言葉に注目して、話題をとらえましょう。

この文章は、何について書かれていますか。（20点）

〔　　　　〕

くり返し出てくる言葉に注目しよう！

2 ①「都会の温暖化」は、他に何と呼ばれていますか。（20点）

〔　　　　〕

どが、二十四時間、大量《たいりょう》の熱を出しつづけていることです。

　もともと暖《あたた》かい地方を好《この》むコウモリたちのなかでも、とくに温暖な場所にすむアブラコウモリにとって、③東京都心部のようなところは、非《ひ》常《じょう》にすみやすい世界となってきたわけです。さらに、都会の温暖化によって、冬でも、活動しているこん虫の種類や数も年々増《ふ》え、かれらの食べるエサも手に入りやすくなっているのです。

　一年じゅうかなり暖かい、一年じゅうエサをとりやすい……というわけで、冬みんすらせず、クリスマス・イブでも、元日の夜でも元気に飛《と》び回《まわ》っているアブラコウモリも、今や、決してめずらしくはなくなってきました。

（佐々木洋《ささきひろし》『ぼくらは みんな 生きている』講談社《こうだんしゃ》）

＊1　温暖化…気温が上がること。

＊2　室外機…エアコンの、部屋の外に取りつけられる機器《きき》。外と内の空気の熱をやりとりする。

3　②「ふたつが原因」とありますが、その原因として合わないものを一つ選んで、○をつけましょう。（20点）

ア（　）町全体をおおうコンクリートなどが、二十四時間、大量の熱を放出していること。

イ（　）自動車やエアコンの室外機が、昼も夜も、大量の熱を出していること。

ウ（　）アスファルトなどのせいで、昼間受けた太陽の熱が夜でも発散されにくいこと。

4　③「東京都心部」がアブラコウモリにとってすみやすくなってきた理由は、どのようなことですか。（一つ20点）

アブラコウモリが好む（　　　）な場所になっていることと、冬でもこん虫などの（　　　）なっていること。

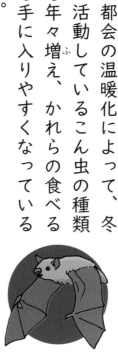

◆次の文章を読んで答えましょう。

　動物が、ある行動をしたり、ある感情《かんじょう》を感じたりするとき、それを引き起こす原因《げんいん》となるようなし激《げき》を、*1動物行動学では「かぎし激」とよぶことがあります。たとえば、次のような場合です。

　トゲウオという、体長六センチメートルほどのたん水魚がいて、その魚は、*2はんしょく期になると、オスの腹《はら》が赤くなります。そうなるとオスは、水の底《そこ》になわばりを持ち、そのなわばりの中にかれ葉などを集めて〝巣《す》〟をつくります。①なわばりと巣をつくったオスは、近くにやってきたメスに求愛《きゅうあい》のダンスをして、メスを巣へとさそいます。いっぽう、腹が赤くなったべつのオスがなわばりの中に入ってくると、そのオスにはげしいこうげきをしかけて、自分のなわばりから外へ追い出そうとします。

　一九七三年に、動物の行動の研究で、ノーベ

1 この文章は、何について書かれていますか。一つ選《えら》んで、○をつけましょう。（20点）

ア（　）学問について。
イ（　）かぎし激について。
ウ（　）動物の巣について。

2 ①「なわばりと巣をつくったオス」は、メスとべつのオスが近づくと、それぞれどのような行動をとりますか。表にまとめましょう。（一つ15点）

メスに対して	べつのオスに対して
求愛の（　　）をして、巣へとさそう。	こうげきをしかけて、なわばりの外へ（　　）とする。

ル賞《しょう》を受賞したニコ・ティンバーゲン（オランダ、一九〇七〜一九八八年）は、わかいとき、トゲウオのオスは、なわばりにしん入してきたべつのオスの、なにに反応《はんのう》してこうげきをしかけるのかを調べました。ティンバーゲンは、自作のモデルをつくって実験《じっけん》したのですが、その結果《けっか》はおどろくものでした。②なわばりの主であるオスは、形や大きさはどうでもよく、とにかく赤色のものに対してこうげきをしかけたのでした。言うまでもなく、その〝赤〟は、はんしょく期をむかえたオスの特《とく》ちょうだったのです。このように、ある行動が、単純《たんじゅん》な、しかし特《とく》ちょう的《てき》なし激によって引き起こされる場合、それをかぎ（し激）とじょう前*3（行動）に見立てて、かぎし激とよぶのです。

（小林朋道《こばやしともみち》『小林先生に学ぶ動物行動学』少年写真新聞社）

＊1　動物行動学…動物の行動について研究する学問。
＊2　はんしょく期…動物が子どもをつくる時期。
＊3　じょう前…戸などにつけて開かないようにする金具。かぎを使って開ける。

▲じょう前　▲かぎ

3 ②「なわばりの主であるオス」について答えましょう。

(1) 何に反応してこうげきをしかけるのですか。（30点）

はんしょく期をむかえたオスの特ちょうである □□。

(2) なわばりの主であるオスにとって、何が「かぎ」で何が「じょう前」だったのですか。正しい組み合わせを一つ選んで、〇をつけましょう。（20点）

ア（　）かぎ…こうげき　じょう前…形
イ（　）かぎ…求愛　じょう前…色
ウ（　）かぎ…形　じょう前…求愛
エ（　）かぎ…色　じょう前…こうげき

トゲウオの実験の結果と、文章の最後《さいご》の部分を、てらし合わせて読もう！

話題と説明をつかむ―話題

◆次の文章を読んで答えましょう。

さて、歩く、走るという働《はたら》きで、肉食じゅうにおわれる立場の草食じゅうについて話してきましたが、では、おいかける側《がわ》の肉食じゅうの手足はどうなっているのでしょう。

＊ウマやキリンの前足は、とにかく速く走ることをもっとも大切にしたため、つかむ、にぎるなどの働《はたら》きはまったく失《うしな》われてしまっています。そのために指でなくひづめに変化《へんか》しているのです。

しかし、肉食じゅうは、速く走ったうえに、さらに相手をつかまえなくてはなりません。そのため、足には指がのこされ、走るいがいの働きもできるようになっています。

もし、ネコを飼《か》っていたら、一度や二度ひっ

おうよう ★★★

点

1 この文章は、何について書かれていますか。合うほうに○をつけましょう。（20点）

ア（　）肉食じゅう
イ（　）草食じゅう
の手足がどうなっているかについて。

2 草食じゅうと肉食じゅうの手足について、表にまとめましょう。（一つ15点）

草食じゅう	速く走ることを大切にしたため、指でなく（　　）に変化している。
肉食じゅう	相手を（　　）なくてはならないため、指やつめがある。

かかれたことがあるでしょう。つめを立てられるのもそのひとつです。ネコのなかまであるライオンやヒョウは、相手をおそって、前足でつめを立て、にがさないようにしたり、前足をふりあげ、相手をなぐりたおしたりします。

しかし足に走るいがいの働きをもたせると、走るときにはいらない骨《ほね》や筋肉《きんにく》が必要《ひつよう》になり、やはり足だけの働きで速く走るのは無理《むり》になります。そのために、ネコやイヌ、とくにネコのなかまの動物の背骨《せぼね》は、走るときしなやかにのびちぢみするようになっていて、足の動きをおぎなっています。

さらに肉食じゅうでも、木の実なども食べたり、木に登ったりするアライグマやレッサーパンダなどのように、前足のつかむという働きがより強まり、手の役目に近くなったものもいます。

（山本省三《やまもとしょうぞう》『ヒトの親指はエライ！』講談社《こうだんしゃ》）

＊ ウマやキリン…ともに草食じゅう（植物を主な食べ物とする動物）。

3 ネコのなかまの動物の体は、速く走るために、どのような仕組みになっていますか。（一つ15点）

走るときに、背骨が（　　　）に（　　　）するようになっている。

4 この文章を読んで、どんなことが印象《いんしょう》に残《のこ》りましたか。理由も書きましょう。（全部できて20点）

印象に残ったこと（　　　）

表げん力

理由（　　　）

動物の手足について、どんなことが分かったかな。

話題と説明をつかむ ―指ししめす言葉・つなぐ言葉

◆次の文章を読んで答えましょう。

1 スズメは、四月から八月まで、年二～三回、多いときには九月ごろまでなんと四回も子育てをします。ふつうの鳥は、子育ては年に一度するだけです。どうしてスズメは、こんなに何度も子育てをするのでしょう。

2 それは、スズメという生きものが、自然界《しぜんかい》で多くの生きものの食べものになっているからです。

3 スズメは肉食の生きものたちに次々と食べられて、数がへっていきます。

4 スズメは天敵《てんてき》から身を守るために、群《む》れていないと生きていけません。［　］子育ての回数を多くして、たくさんの子どもを育て、なかまの数をふやしているのです。

5 スズメが年に何度も子育てをできるのには、秘密《ひみつ》があります。それは、ヒナが＊ひとり立ちす

きほん

指ししめす言葉や文をつなぐ言葉に注目して、説明《せつめい》の内ようをとらえましょう。

1 スズメが年に何度も子育てをするのはなぜですか。（一つ15点）

スズメが、多くの（　　　）の（　　　）になっているから。

2 ［　］に合う言葉を一つ選《えら》んで、○をつけましょう。（10点）

ア（　）しかし

イ（　）そこで

ウ（　）まさか

［　］の前と後の内ようをかくにんしよう。

点

るのがとても早いということです。

6 体の大きさがおなじくらいで、にたような場所でくらしているシジュウカラとくらべても、そのことがよくわかります。

7 シジュウカラのヒナは、巣立《すだ》ってから自分で食べものの虫がとれるようになるまでに、三〜四週間ほどかかります。それにくらべ、スズメのヒナは、巣立って一週間から十日ほどでひとり立ちします。

8 シジュウカラのヒナは、虫をとることをおぼえなければ、ひとりで生きていけません。スズメは虫のほかにも、よりかんたんにとれる草の種《たね》などを食べることができるため、早くひとりで生きられるようになるのです。

（平野伸明《ひらののぶあき》『スズメのくらし』福音館書店《ふくいんかんしょてん》）

＊ ひとり立ち…自分だけの力で生きていくこと。

3 「そのこと」とは、何を指していますか。それがわかる段落《だんらく》の番号を書きましょう。（15点）

〔　　〕

「その」などが指す内ようは、「その」よりも前の部分に書いてあることが多いよ！

4 シジュウカラとスズメのひとり立ちまでの期間について、表にまとめましょう。（一つ15点）

	シジュウカラ	スズメ
期間	〔　　〕ほど	一週間から十日ほど
期間の理由	〔　　〕ことをおぼえなければいけないから。	虫のほか、かんたんにとれる〔　　〕などを食べるから。

5 説明文《せつめいぶん》

話題と説明をつかむ ―指ししめす言葉・つなぐ言葉

練習 ★★★

点

◆ 次の文章を読んで答えましょう。

日本の全国各地《かくち》でつくられるもちは、数えあげることができないくらい、たくさんあります。①しかし、大きく分けると、年中行事や誕生日《たんじょうび》、成人式《せいじんしき》などのように、特別《とくべつ》なめでたい日に食べるおもちと、ふだんの日に食事として食べるおもちがあります。日本では、特別なめでたい日を「ハレの日」、そうでない、ふだんの日を「ケの日」とよんでいます。ハレの日に食べるおもちと、ケの日に食べるおもちには、どんなちがいがあるのでしょうか。

おもちは、今でこそ、いつでも食べたいときに食べることができる食べ物となりましたが、つい四十年ほど前までは、そうかんたんに食べられるものではありませんでした。とくにモチ米だけでついた白もちは、特別な日にしか食べることができなかったのです。

1 ①「しかし」はどんな働《はたら》きをしていますか。一つ選《えら》んで、○をつけましょう。（15点）

ア（　）前の内ようとことなる内ようの文をみちびく働き。

イ（　）前の内ようの理由をみちびく働き。

ウ（　）前の内ようの例をみちびく働き。

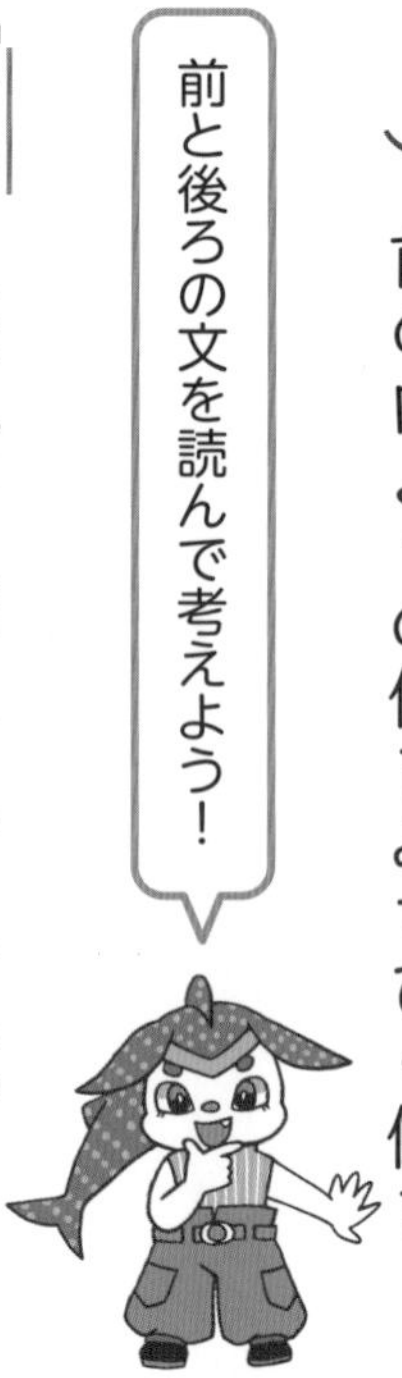
前と後ろの文を読んで考えよう！

2 ②「その」は、何を指していますか。（一つ15点）

［　　　　］ほど前まで、もちはかんたんには食べられないもので、とくに［　　　　］は、特別な日にしか食べられなかったこと。

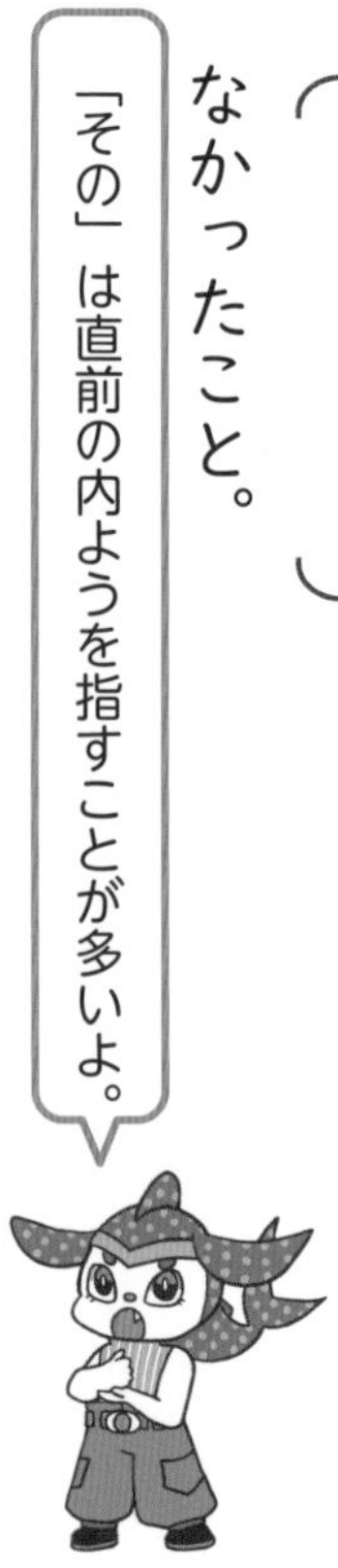
「その」は直前の内ようを指すことが多いよ。

②その理由の一つは、もともともちには*1れい力がそなわっていると考えられた名残《なごり》でしょう。

□もう一つは、米そのものをすべての人が食べられるようになったのも、極《きょく》たんにいえば、*2太平洋戦争《たいへいようせんそう》が終わってからのこと（約《やく》六十年前）だということです。

（中りゃく）

モチ米だけでつくった白もちが特別な日の食べ物であった時代、ふだん食としてのおもちは、*3ウルチ米や*4精米《せいまい》するときにできるクズ米、じゅうぶんに実らなかったシイナ（青米《あおごめ》）にほかの*5こく類《るい》をまぜたおもちでした。きびもち、あわもち、もろこしもち、ひえもちなどがその例《れい》です。

（笠原《かさはら》秀《しげる》『おもちの大研究』PHP研究所）

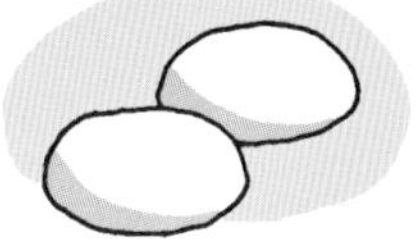

*1 れい力…人間の理解《りかい》をこえた不思議《ふしぎ》な力。
*2 太平洋戦争…一九四一年に始まった戦争。日本が、アメリカやイギリスなどによる連合国《れんごうこく》と戦《たたか》った。
*3 ウルチ米…モチ米とはちがい、ねばり気のない米。
*4 精米…げん米から表皮などを取りのぞき、白米にすること。
*5 こく類…イネ、ムギなど、人が主食として食べるこく物の仲間《なかま》。

3 □に合う言葉を一つ選んで、○をつけましょう。（15点）

ア（　）または
イ（　）そして
ウ（　）だから

4 「ハレの日」「ケの日」について、(1)意味と、(2)その日に食べていたおもちとしてあげられているものを、全て書きぬきましょう。（(1)一つ10点 (2)それぞれ全部できて10点）

・ハレの日…(1)意味（　　）
(2)おもち（　　）

・ケの日……(1)意味（　　）
(2)おもち（　　）

話題と説明をつかむ ―指しめす言葉・つなぐ言葉

◆次の文章を読んで答えましょう。

〔ある植物が、自分の気持ちを他の植物や動物に伝《つた》えるために出す物質《ぶっしつ》を《アレロケミクス》といい、他の植物や動物にあたえる作用を《アレロパシー》という。〕

①これもアレロパシーの一つといえるでしょうが、一本の木に害虫《がいちゅう》がつくと、近くの木が虫にたいする*1防衛体制《ぼうえいたいせい》にはいるということがわかっています。

これは、虫にくわれた木が、警《けい》かいのアレロケミクスを出して「あぶない、気をつけなさい」と仲間《なかま》にきけんを知らせるからです。□、「タスケテー」という悲鳴でしょうか。

②その例《れい》には、つぎのようなものがあります。

*2リママメが、*3ナミハダニに食べられたとします。

そのとき、リママメは、悲鳴をあげます。

1 ①「これ」が指す内ようを三十六字でさがして、はじめの五字を書きぬきましょう。（20点）

□□□□□

指す内ようが後に来ることもあるよ。

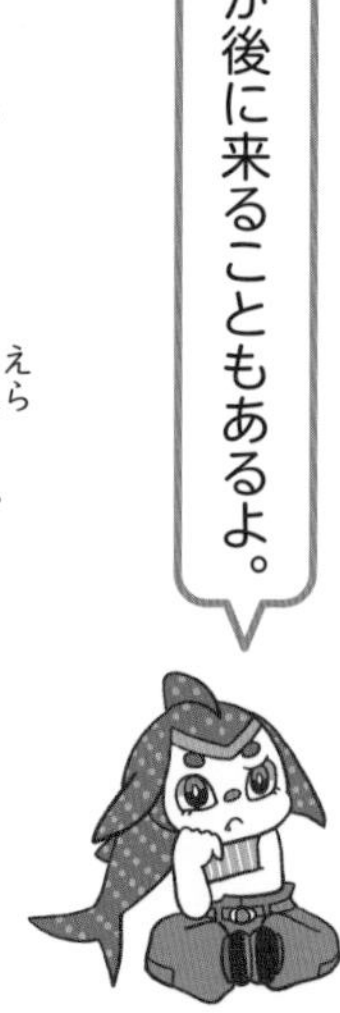

2 □に合う言葉を一つ選《えら》んで、○をつけましょう。（15点）

ア（　）けれども

イ（　）あるいは

ウ（　）そのうえ

じっさいに当てはめて、たしかめてみよう！

3 ②「その例」について、次の（　）に合う言葉を後から選んで、記号で答えましょう。同じ記号を何度使ってもかまいません。（一つ5点）

あるにおいを出してナミハダニを食べてくれるチリカブリダニ[＊4]を呼《よ》ぶのです。それは、《ベーターオシメン》、《ジメチルノナトリエン》というしたをかみそうな名前の物質です。

ところが、この仲間の警かい信号《しんごう》におどろいた近くのまだ食べられていないリママメは、同じようにベーターオシメンや、ジメチルノナトリエンを出して、あらかじめチリカブリダニに応《おう》えんをもとめるというのです。

「早く来てー、ナミハダニが来るよー、食べられちゃうよー」という悲鳴をきいたチリカブリダニは、いそいでかけつけます。ナミハダニがおそってくる前に。

なんとも、③すごいことを植物はやってるのですね。

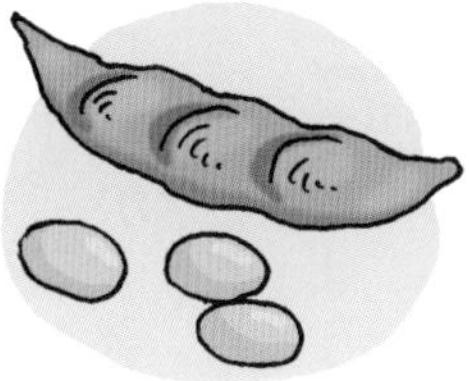

（野田《のだ》道子《みちこ》『植物は考える生きもの!?』ＰＨＰ研究所）

＊1　防衛体制…こうげきに対して、身を守るようじゅんびすること。
＊2　リママメ…ライマメなどとも呼ばれる。豆の仲間の植物。
＊3・4　ナミハダニ、チリカブリダニ…ダニの一種《いっしゅ》。

・（　　）に食べられた（　　）…
　警かい信号となる物質を出して、（　　）を呼ぶ。
・まだ食べられていない（　　）…
　食べられた（　　）の警かい信号を受け取り、同じ物質を出して、（　　）を呼ぶ。
・（　　）…
　（　　）に呼ばれてかけつけ、（　　）を食べる。

ア リママメ　**イ** ナミハダニ　**ウ** チリカブリダニ　**エ** ベーターオシメン　**オ** ジメチルノナトリエン

4 ③「すごいこと」とは、どのようなことですか。（20点）

虫にくわれた木が、警かいのアレロケミクスを出して、（　　　　）ということ。

話題と説明をつかむ
―指ししめす言葉・つなぐ言葉

おうよう ★★★

点

◆次の文章を読んで答えましょう。

一人で本を読むのは楽しいものです。その本の世界にたっぷりとひたることができます。乗り物の図かんを開いて電車の動き方を知ったり、歴史《れきし》マンガを読んで昔の人のことを知ったり。小説《しょうせつ》の主人公になった気持ちでワクワクしたりハラハラしたりドキドキしたり。詩や俳句《はいく》や短歌を読んでいろんなことを想像《そうぞう》するのも楽しいものです。

［　　］、友だちと同じ本を読んで、どんなことを感じたか、考えたか、話し合うのもおもしろいものです。大人たちの間では、読書会やブックトーク*1などを行っている人もいます。

友だちと話してみると、自分とはちがう読み方があるのにおどろきます。どこに感動したか、登場人物の中でだれが好《す》きか、ゆかいだったところ、悲しかったところ。ぜひ友だちと話してみましょう。もしかしたら、読み方をまちがえていたかもしれ

1 ［　　］に合う言葉を一つ選《えら》んで、○をつけましょう。（20点）

ア（　）でも
イ（　）だから
ウ（　）その

2 この文章では、一人で本を読むことと、何人かの人といっしょに本を読むことについて、どのように説明されていますか。表にまとめましょう。（一つ15点）

一人で読む	いっしょに読む
本の世界にたっぷりと［　　　］ことができる。	感じたことや考えたことを［　　　　］ことができる。

ない。二人で読むと、おもしろさも二倍になります。

　日本の平安《へいあん》時代から鎌倉《かまくら》時代、室町《むろまち》時代にかけて、たくさんの絵巻物《えまきもの》がつくられました。絵と文章で物語をあらわしたものです。まれに文章がなく絵だけのものもあります。物語の中には実際《じっさい》にあったことがらもあるし、想像でえがかれたものもあります。

　この絵巻物は、一人だけで見るよりも何人かの人といっしょに読んだのではないでしょうか。たとえば＊2紫式部《むらさきしきぶ》の『源氏物語《げんじものがたり》』を絵巻物にした『源氏物語絵巻』を広げ、おひめ様に＊3官女《かんにょ》たちが読んで聞かせるすがたを想像します。そのときおひめ様は「まあ、＊4光《ひかる》源氏《げんじ》ってすてきね」と言い、官女が「きれいですね」と答えたかもしれません。

（永江《ながえ》朗《あきら》『本について授業《じゅぎょう》をはじめます』少年写真新聞社）

＊1　ブックトーク…テーマにそって何冊《なんさつ》かの本をしょうかいする手法《しゅほう》。
＊2　紫式部…平安時代の作家・歌人。
＊3　官女…身分の高い人に仕える女性《じょせい》。
＊4　光源氏…『源氏物語』の主人公。

3　「この絵巻物」とありますが、絵巻物とは、どのようなものですか。（一つ15点）

（　　　　）と（　　　　）で物語をあらわしたもの。

4　あなたは、一人で本を読むことと、何人かの人といっしょに本を読むことでは、どちらが好きですか。合うほうに○をつけ、理由も書きましょう。（全部できて20点）

表げん力

（一人で読む　・　いっしょに読む）

理由
（　　　　）

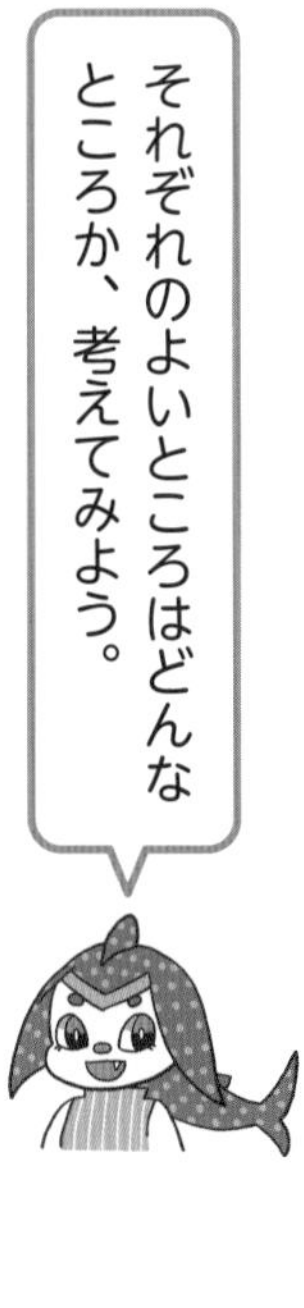
それぞれのよいところはどんなところか、考えてみよう。

話題と説明をつかむ ―指ししめす言葉・つなぐ言葉

おうよう ★★★

点

◆次の文章を読んで答えましょう。

「ぎ音語・ぎ態語《たいご》」は、カタカナの言葉では「オノマトペ」といいます。「オノマトペ」とは、もともとフランス語で、「名前を作ること」という意味から来ているそうです。雨や風などの自然界《しぜんかい》で起こる音や動物の声、人が行う動きなどの身の回りの物ごとについて、それがどんな音や様子なのかを「自分たちの言葉の名前で説《せつ》明《めい》する」というところから、「オノマトペ」とよばれるようになったそうです。それを日本の言葉では、「ぎ音語・ぎ態語」というようになりました。□、動物の鳴き声をあらわす「わんわん」「にゃーにゃー」、雨や風の音をあらわす「ざあざあ」「びゅう」、物の様子や人の気持ちをあらわす「きらきら」「がっかり」など、これらはすべてぎ

1 「それ」とは何のことですか。（一つ10点）

自然界で起こる□や動物の□、人が行う□□などの身の回りの物ごと。

2 □に合う言葉を一つ選《えら》んで、○をつけましょう。（20点）

ア（　）しかも
イ（　）やはり
ウ（　）たとえば

3 文章中に書かれているぎ音語・ぎ態語の例《れい》を、表にまとめましょう。（一つ5点）

音語・ぎ態語です。
日本語は、ぎ音語・ぎ態語の数が多いことで有名です。正確《せいかく》な数はわかっていませんが、四千五百から五千種類《しゅるい》くらいあるともいわれています。これは、世界の言語の中でも、特別《とくべつ》に多い方です。

ぎ音語、ぎ態語の「擬《ぎ》」の漢字には、「ほかのものに似《に》せる・たとえる」という意味があります。まわりの「音」や「態（様子のこと）」を、「日本語にあてはめるとこんなふうだな」、「こんなふんいきや物に似ているな」、というように、言葉を使って、実感が持てるように言いあらわそうとしたのが、ぎ音語・ぎ態語の始まりです。「ぎ音」や「ぎ態」は少しむずかしい言葉ですので、みなさんが学校で使う国語の教科書には、「音や様子をあらわす言葉」というような名前でしょうかいされていることも多いようです。

（佐藤有紀《さとうゆき》『「感じ」が伝《つた》わるふしぎな言葉』少年写真新聞社）

	ぎ音語・ぎ態語	
動物の声	（　　）・（　　）	
雨や風の音	（　　）・（　　）	
物の様子や人の気持ち	（　　）・（　　）	

4 この文章でしょうかいされていないぎ音語・ぎ態語を使って、短い文を一つ作りましょう。（20点）

表げん力

（　　　　）

音や物の様子、人の気持ちをあらわす言葉をさがしてみよう。

内ようをつかむ―場面・出来事

きほん ★★★

点

人物や、人物をとりまく様子に注目して、出来事をつかみ、場面をとらえましょう。

◆次の文章を読んで答えましょう。

「こんなの、夏じゃないや」

まさるはどなりましたが、こたえる者はだれもいません。ぶわーん、ぶわーんとけだるいあつさが、町全体をおおっています。

まさるは、坂道のとちゅうで細い道にまがりました。それからまた、べつの道に入り、つきあたると、家と家の間のせまい路地をぬけて、またまがって……まさるは、やけになって歩いていきました。どこへ行ってもビル、ビル、家、家ばかり。

「草っぱらもないし、大きな木もない。川もないし、山もない。虫も、魚もいなーい。つまんないの」

石ころをけとばすように、まさるは地面をけとばしましたが、

「あ、いて！」

1 まさるが今いる町は、どんな様子ですか。合うものを全て選《えら》んで、○をつけましょう。（全部できて30点）

ア（　）どこへ行ってもビルや家しかない。

イ（　）石ころがたくさん転がっている。

ウ（　）虫や魚がいない。

エ（　）草っぱらや大きな木や川がない。

2 町の空は、どんな様子ですか。（一つ10点）

晴れているのに、〔　　　　〕ではなく、〔　　　　〕もない。

つまさきがじーんとしただけです。まさるは、ピョンピョンと二、三歩とびはねました。

そのまま立ちどまってまさるは、空を見あげました。晴れているのに、空はまっさおではありません。いなかでよく見たきょ大な入道雲もありません。

「あーあ、①せいちゃんがいたらなあ」

まさるは、もう一度つぶやきました。

せいちゃんは、いなかで一番のなかよしでした。家もとなりだったし、生まれた月も生まれた病院も同じだったのです。おまけにまさるは、せいちゃんのお母さんのお乳《ちち》をのんで育ちました。まさるを生んだあと、お母さんは体のぐあいが悪くて三ケ月も入院していたからです。まさるとせいちゃんは、きょうだいと同じでした。二人は、いつもいっしょに行動してきたのです。

②せいちゃんとまっくろになってあそんだ夏休みが、今年はないのです。

（瀬尾七重《せおななえ》「夏草のにおい」『小さな公園のふしぎな森』ＰＨＰ研究所）

3 ①「せいちゃん」は、まさるにとってどんな人物でしたか。（一つ15点）

いなかで一番の（　　　　）で、

二人はいつも（　　　　）に行動していた。

4 ②――について、まさるはどう思っていますか。次の文の□に合う言葉を後から選んで、○をつけましょう。（20点）

今年の夏休みは、せいちゃんとあそべなくて□。

ア（　）なつかしい

イ（　）つまらない

ウ（　）おそろしい

いつもいっしょにいたせいちゃんと別《わか》れて町に来たまさるは、せいちゃんのいない夏休みをすごすことをどう思っているかな。

内ようをつかむ――場面・出来事

点

◆次の文章を読んで答えましょう。

プログラムはすすんで、いよいよさいごのクラス別対抗《べつたいこう》リレーです。

一年生の選手《せんしゅ》がスタートしました。二年、三年とつないで走ります。一組のチームはおくれていました。

五年の上原《うえはら》くんから、おねえちゃんがバトンをうけとったとき、一組は三位《さんい》でした。

バトンをうけとったしゅんかん、おねえちゃんの足は、地面をけって宙《ちゅう》をとんでいました。おねえちゃんのあの走りです。三組をぬきました。二組もぬきました。みごと一着でゴールインです。

一組チームの優勝《ゆうしょう》をきめました。

達也《たつや》は四年二組です。それでもおねえちゃんチームの優勝がうれしくて、心のうちでバンザイをさけんでいました。

①成績《せいせき》発表です。

1 クラス別対抗リレーで、達也のおねえちゃんはどのように走りましたか。（一つ10点）

六年生のおねえちゃんは、□位でバトンをうけとると、□組をぬき、□組もぬいて、□着でゴールインした。

おねえちゃんがバトンをうけとったときからゴールインするまでの場面をよく読もう！

2 ①――の結果《けっか》はどうなりましたか。一つ選《えら》んで、○をつけましょう。（20点）

ア（　）一組チームが優勝した。
イ（　）一組チームが失格した。
ウ（　）二組と三組チームが失格した。

それが、なんと――。

「一組チームのアンカー、上野加奈《うえのかな》は、テーク・オーバー・ゾーンから一メートルほどはみだしたところで、バトンパスをしてしまっていました。失格《しっかく》です」

　体育主任《しゅにん》の岡田《おかだ》先生の、きびしい声です。〈前の走者が近くまできたら走りだして、走りながらうでを後ろへのばして、バトンをうけとる。バトンのうけわたしをするテーク・オーバー・ゾーンは二〇メートルある。このなかでうけわたす〉というきまりがありました。

　おねえちゃんは、五年生の選手上原くんをまちながら、ゾーンのなかを走っていました。そしてゾーンからはみだしたところで、バトンをうけとっていたのでした。

　勝ちたい思いだけで、あせっていました。②だいじなやくそくごとをわすれていたのです。

　しっぱいでした。

（宮川《みやかわ》ひろ『しっぱいにかんぱい！』童心社）

3

(1) ②――について答えましょう。
具体的《ぐたいてき》には、どんなことですか。「こと。」に続《つづ》くように、二十六字で書きぬきましょう。（20点）

こと。

(2) なぜ、おねえちゃんは、だいじなやくそくごとをわすれてしまったのですか。文章中の言葉を使って書きましょう。（20点）

（　　　　　　　　）

内ようをつかむ――場面・出来事

おうよう ★★★

点

◆次の文章を読んで答えましょう。

〔犬のジョンは、かい主とはぐれてしまった。〕

ジョンは歩いても歩いても、どんどん山の中にまよいこむばかり、日も西にかたむいてきた。ジョンがとほうにくれた時、

①ウオオオオ～ン。

どこかで遠ぼえがした。

お散歩《さんぽ》友だちのキューが言っていたおおかみなのかもしれない。山の中に住んでいて、おそろしく強いやつらしい。生きているエモノを追いかけてつかまえ、それを食べているという。

できれば、こんなときにそんなこわいやつに出会いたくない。

「そいつらからみたらボクもエサなのだろうか」

②ジョンは心細くなって早足でみんなをさがした。早足で進んだところで、どっちに行けばいいのかもわからないからますます不安《ふあん》になる。

「ああ、このまま、ボクはもうみんなに会えないのか」

1 ①「ウオオオオ～ン」という遠ぼえを聞いたときのジョンは、どんな様子でしたか。合うものを一つ選《えら》んで、○をつけましょう。（20点）

ア（　）山の中でまよったが、きっと帰り道を見つけてやるとはりきっていた。

イ（　）山の中でまよっていたが、友だちが助けに来てくれるとしんじていた。

ウ（　）山の中にまよいこむうちに夕方になり、どうしてよいかわからなかった。

2 ②――のとき、ジョンはどんな気持ちでしたか。「おおかみ」という言葉を使って書きましょう。（20点）

（　　　　）

ジョンは友だちのムウやキューの顔を思い出した。

「③いったいどうしたらいいんだ！」

ジョンがそう思って天をあおいだ時、ガサッと音がしてガケの上の木の間から黒くて大きな生きものがあらわれた。犬のようだが、犬より大きくてたくましい。そいつが堂々《どうどう》とした身のこなしで、ジョンを見下ろしているのだ。

「あっ。もしかしてあいつ、おおかみだ。きっとおおかみにちがいない。こ、こわいよう」

おおかみの目はするどく、何か考えているようにジョンをじっと見ていたが、急にふっと笑《わら》うと、首をクイッと西の方にふった。

「え？　な、なに？」

ジョンの言葉におおかみはもう一度首を西に向けてふる。

「はあ？」

おおかみはしかたねえなという顔になり、「だから、あっちだよ。オマエ、人間のところに帰りたいんだろ」

とだけ言うと、サッと耳をひるがえしてその場から消えた。

（きむらゆういち『たれ耳おおかみのジョン』主婦《しゅふ》の友社《ともしゃ》）

3　③――のようにジョンが思ったとき、どんなことが起こりましたか。（一つ10点）

［　　］の上の木の間から、黒くて大きな［　　　　］があらわれた。

4　ジョンがおおかみに出会う前の場面と、じっさいに出会った場面で、おおかみはそれぞれどのようにえがかれていますか。表にまとめましょう。（一つ10点）

出会う前の場面	出会った場面
おそろしく（　　）て、生きているエモノをつかまえ、それを（　　）にしているところこわがられている。	山の中でまよっていたジョンに、首を（　　）に向けてふり、（　　）のいるところを教えてくれた。

12

物語

内ようをつかむ―気持ち・せいかく

きほん ★★★

◆次の文章を読んで答えましょう。

その日の放課後《ほうかご》、わたるは教室にのこされて、漢字の書き取りをさせられた。

まゆが大タイヤとびの練習をして、教室にもどってきた時、わたるは、①机《つくえ》に両ひじをついて、ぼんやりと黒板のほうを見ていた。

「書き取りが終わったら、いっしょに帰ろう。」

「ん、もう終わって、先生にノート、見せたよ。」

「きょうは、いろんなことがあったわね。でも、元気だして。」

まゆは、たなのかばんから、小さな箱を取りだした。

「これね、星のかけらよ。願《ねが》いごとをかなえてくれるの。」

星の形をした、小指の先ほどの小さな水色の石だった。

（中りゃく）

人物の言葉や様子・行動に注目して、気持ちやせいかくをとらえましょう。

1 ①「机に両ひじをついて、ぼんやりと黒板のほうを見ていた」わたるを見て、まゆはどのように思いましたか。合うものを一つ選《えら》んで、○をつけましょう。（20点）

ア（　）わたるが元気がないのがふしぎだ。

イ（　）元気がないわたるをはげまそう。

ウ（　）元気がないわたるなんてつまらない。

まゆがわたるにかけた言葉や、わたるにどんなことをしてあげたかに注目しよう。

2 わたるは、まゆと話すうちに、どんな気分になりましたか。（一つ15点）

点

わたるは、星のかけらをにぎりしめた。まゆと話していると、いやなことはすっかりわすれて、明るい気分になった。

「わたるちゃん、前は、けんかなんかしなかったのに、どうしてなの？　おとうさんが仙台《せんだい》へ行ったまま、帰ってこないから？」

「うるせえな。」

「わたるちゃんって、ほんとうはこわがりで、あまえんぼうなのよね。」

「おれが？」

「わたしの前では、かたひじはらなくてもいいの。」

「おかあさんみたいな、いいかたするなよ。」

「だって、わたしのほうが年上だもん。」

「三か月しかちがわないじゃんか。」

「三か月だって……ま、いいわ。わたしね、わたるちゃんと②同じクラスになれてよかった。」

「ぼくも。」

わたるは、少し赤くなっていた。

（大野《おおの》哲郎《てつろう》『3組ものがたり　友だちになれるかな』金の星社）

（　　　　）ことはすっかりわすれて、

（　　　　）気分になった。

3 まゆに②「同じクラスになれてよかった」と言われたわたるは、どんな気持ちになりましたか。二つ選んで、○をつけましょう。（一つ15点）

ア（　）まゆと同じクラスになれてよかった。

イ（　）ずっとおかあさんといっしょにいるみたいで、いやだ。

ウ（　）同じクラスになれてよかったと言われて、てれくさい。

4 まゆは、どんなせいかくの人物ですか。（20点）

相手の気持ちを思いやることができる

（　　　　）せいかく。

内ようをつかむ―気持ち・せいかく〈練習〉

◆次の文章を読んで答えましょう。

かあちゃんは「スーパーめだか」のそろいのエプロンをつけて、高校生くらいの若《わか》いお姉さんふたりをしたがえて、店のなかを歩いていた。

なにやってんだ?

かあちゃんはときどき立ち止まっては、ちん列だなの商品を手にとって、お姉さんたちになにかいっている。

お姉さんたちが小さくうなずくと、かあちゃんは「ほらほら」となにか指示《しじ》して、メモをさせたりしてる。

①かあちゃん、先生みたいだ。

ぼくは見つからないように、こそこそあとをつけた。（中りゃく）

と、そのとき、カシャン！　とハデな音をたてて、コーナーいっぱいにぷーんとすっぱいにおいが広がった。

1 ①「かあちゃん、先生みたいだ」とは、かあちゃんのどんな様子について言っているのですか。合うものを一つ選《えら》んで、○をつけましょう。（25点）

ア（　）ちん列だなの商品を見回り、手にとってはていねいにならべかえている様子。

イ（　）若いお姉さんたちに、なにか指示したり、メモをさせたりしている様子。

ウ（　）若い人たちと同じように「スーパーめだか」のエプロンをつけている様子。

かあちゃんのどんな様子が、先生のように思えたのかを考えよう。

点

「すみません」

お姉さんのひとりが、②顔をまっ赤《か》にしてペコペコ頭を下げている。ゆかには黒っぽい液体《えきたい》とビンのかけらがちらばった。

「お客さまを近づけないでね、あぶないから」

かあちゃんはそういうと、きびきびとした動きで店のおくに消えて、モップとちりとりをもって出てきた。で、あっというまにゆかはキレイになった。

「あの、すみません」

お姉さんがなみだをうかべて頭を下げると、かあちゃんはニッコリ笑《わら》って「ドンマイ」って、かたをたたいた。

「こういうときは、すばやくかたづける。いい？」

「はい」

「失敗《しっぱい》はだれにだってあるんだから、いちいち落ちこまなくていいのよ。はい、それじゃあ、つぎね」

かあちゃん、かっこいい。

ふたりを引きつれて、さっそうと店内を歩くかあちゃんのうしろ姿《すがた》を見つめて、③ほうーと息をついた。

（いとうみく『かあちゃん取扱説明書《とりあつかいせつめいしょ》』童心社）

2 ②「顔をまっ赤にしてペコペコ頭を下げている」とき、お姉さんはどんな気持ちでしたか。合うものを一つ選んで、○をつけましょう。（25点）

ア（　）はらが立ってしかたのない気持ち。

イ（　）おかしくてたまらない気持ち。

ウ（　）申しわけなさでいっぱいの気持ち。

3 ③「ほうーと息をついた」とありますが、このときの「ぼく」の気持ちが書かれている一行を文章中からさがして、書きぬきましょう。（25点）

（　　　　　　　　）

かあちゃんとお姉さんのやり取りを見た「ぼく」の心の中の言葉をさがそう。

4 かあちゃんは、どんなせいかくだと思いますか。（25点）

仕事に真けんに取り組みながらも、人に対する（　　　　　　）をわすれないせいかく。

内ようをつかむ──気持ち・せいかく

練習 ★★★

点

◆次の文章を読んで答えましょう。

「ついでに、じゃがいもはいかが。ポテトフライにすれば、ほっぺたがおっこちるほどうまいよ。じゃがいもは北海道《ほっかいどう》、さつまいもは鹿児島《かごしま》、やおやなら八百政《やおまさ》だ！」

そのしゃべりかたは、ふき子《こ》の父にそっくりだった。みんなは、声をたててわらい、ちらっちらっと、まどぎわのせきのふき子のほうをみた。手をあてなくても、顔がほてってくるのがわかった。

まもなく先生がもどってきたので、さわぎはわずか五分ぐらいでおさまった。しかし、ふき子には、とても長い時間のようにおもわれた。

それにしても、三田《みた》くんは、いつ父の売り声をおぼえたのだろうか。しゃべりかただけでなく、しぐさまでそっくりなところをみると、家の人について、何回か店に買いものにきたことがあるにちがいない。ほかの友だちだって、みんな、

1 「手をあてなくても、顔がほてってくるのがわかった」とありますが、ここからふき子のどんな気持ちが分かりますか。合うものを一つ選《えら》んで、○をつけましょう。(25点)

ア（　）ふき子の父のことをそっくりにまねしてくれて、ほこらしい気持ち。

イ（　）父のまねをしてみんながわらっているのが、はずかしくてつらい気持ち。

ウ（　）ふき子の父のまねがとてもうまいので、感心する気持ち。

「顔がほてる」は、てれくさかったり、はずかしかったりするときの様子だね。

2 三田くんは、どんなせいかくの人物だと思いますか。当てはまる言葉を後から選んで書きましょう。(25点)

店のことを知っているようだった。もし知らなかったら、あんなにわらいころげるはずがない。
その日の午後、ふき子はずっと□だった。
「とうさんったら、ちょうしがよすぎるわ。あいそをふりまいてまで、売らなくてもいいのに」
まどごしに、くもった空をみつめて、ふき子はぽつりといった。すると、これまで大すきだった「ふき子」というじぶんの名まえまでが、なんとなくきらいにおもえてきた。この名まえは、やおやのむすめらしくて、しかもかわいらしいというので、父がつけてくれたものだった。

（砂田《すなだ》弘《ひろし》『ふき子の父』岩崎書店《いわさきしょてん》）

人の気持ちをあまり考えずにふざけたがる

（　　　　）。

あわてんぼう　おちょうし者　おく病者

3 □に合う言葉を後から選んで書きましょう。（25点）

（　　　　）

ほがらか　ふしぎ　ゆううつ

ふき子の言葉や様子から、気持ちを考えよう。

4 父がつけてくれた名まえを、ふき子はどのようにおもうようになりましたか。（25点）

（　　　　）

内ようをつかむ―気持ち・せいかく

〈おうよう ★★★〉

◆次の文章を読んで答えましょう。

［ゴーシュは町の映画館《えいがかん》でセロをひく係でしたが、楽手のなかでいちばん下手《へた》でした。］

ひるすぎみんなは楽屋に円くならんで今度の町の音楽会へ出す第六交きょう曲の練習をしていました。

（中りゃく）

ゴーシュも口をりんと結《むす》んで眼《め》を皿のようにして楽ふを見つめながらもう一心にひいています。

にわかにぱたっと楽長が両手を鳴らしました。みんなぴたりと曲をやめてしんとしました。楽長がどなりました。

「①セロがおくれた。トォテテ　テテテイ、ここからやり直し。はいっ。」

みんなは今の所の少し前の所からやり直しました。ゴーシュは顔をまっ赤《か》にして額《ひたい》にあせを出しながらやっといまいわれたところを通りました。ほっと安心しながら、つづけてひいていますと

1 ゴーシュは、どんな様子でセロをひいていましたか。合うものを一つ選《えら》んで、○をつけましょう。（15点）

ア（　）楽しみながらのんびりとひいていた。

イ（　）うまくいかず投げやりにひいていた。

ウ（　）集中して一生けん命ひいていた。

2 「みんなは気の毒そうにして……みたりしています」とありますが、このときのみんなはどのような気持ちでしたか。合うものを一つ選んで、○をつけましょう。（20点）

ア（　）ゴーシュがかわいそうで、知らんぷりをしていようという気持ち。

イ（　）ゴーシュはいつもめいわくをかけているから、いい気味だと思う気持ち。

ウ（　）自分も楽長におこられたらどうしようと、おびえる気持ち。

楽長がまた手をぱっとうちました。

「②セロっ。糸が合わない。困《こま》るなあ。ぼくはきみにドレミファを教えてまでいるひまはないんだがなあ。」

みんなは気《き》の毒《どく》そうにしてわざとじぶんのふをのぞきこんだりじぶんの楽器《がっき》をはじいてみたりしています。ゴーシュはあわてて糸を直しました。これはじつはゴーシュも悪いのですがセロもずいぶん悪いのでした。

「今の前の小節《しょうせつ》から。はいっ。」

みんなはまたはじめました。ゴーシュも口をまげて一生けん命です。そしてこんどはかなり進みました。いいあんばいだと思っていると楽長がおどすような形をしてまたぱたっと手をうちました。③またかとゴーシュはどきっとしましたがありがたいことにこんどは別《べつ》の人でした。ゴーシュはそこでさっきじぶんのときみんながしたようにわざとじぶんのふへ眼を近づけて何か考えるふりをしていました。


（宮沢賢治《みやざわけんじ》『セロ弾《ひ》きのゴーシュ　宮沢賢治絵童話集⑥』くもん出版《しゅっぱん》）

3 ①〜③〜〜のときのゴーシュの気持ちについて、表に合うものを後から選んで、記号で答えましょう。（同じ記号を選んでもよい。）（一つ15点）

①	②	③
（　）	（　）	（　）

ア　楽長が勝手に曲を止めてしまうのが、くやしくてたまらない気持ち。
イ　注意されたのが自分ではないと分かり、ほっとする気持ち。
ウ　自分が注意されたことにどきっとし、きんちょうする気持ち。

4 ゴーシュのせいかくとして、合うものを一つ選んで、○をつけましょう。（20点）

ア（　）へこたれずまじめにがんばるせいかく。

イ（　）人のことには気をつかわないせいかく。

ウ（　）何があっても平気でいられるせいかく。

内ようをつかむ—気持ち・せいかく〈おうよう〉

★★★

点

◆次の文章を読んで答えましょう。

小学四年生の島子《しまこ》は、生んだばかりの子牛と別《わか》れて山へ働《はたら》きに行かなければならない「おけちゃん」（母牛）をとうげまで見送りに来た。

両手を放して、何気なく牛の顔を見た島子は、①思わずつきとばされたようによろめいた。牛は、目にいっぱいのなみだをためて、まっすぐに自分を見ていたのだ。気のせいではなかった。こぼれていくなみだが、赤毛の上をほろほろと伝《つた》った。目がしらの下の毛が、黒くにじんでいる。牛は泣《な》いていた。

島子の目の前が、さあっと白くぼやけた。島子もまた、ぽろぽろとなみだをこぼした。母牛を連《つ》れてきたことを、島子は、今になって激《はげ》しくくやんだ。②くちびるをかみしめてもかみしめても、なみだがしたたり落ちた。

（中りゃく）

1 ①「思わずつきとばされたようによろめいた」とありますが、このときの島子はどんな気持ちでしたか。合うものを一つ選《えら》んで、○をつけましょう。（25点）

ア（　）牛が泣いているのを初《はじ》めて見て、とても信《しん》じられないと思う気持ち。

イ（　）牛が泣いていることに気づき、心が強くゆさぶられるような気持ち。

ウ（　）牛にも泣きたいほどつらいことがあるのかと、意外に思う気持ち。

2 ②「くちびるをかみしめてもかみしめても、なみだがしたたり落ちた」とありますが、このときの島子はどんな気持ちでしたか。合う言葉を後から選んで、記号で答えましょう。（25点）

牛を連れてきてしまったことを、

（　　）気持ち。

「さあ、帰るとするか」

辰次郎《たつじろう》はんの声がしたが、島子はまだぼんやり立っていた。近所のおかみさんがかたをだきに来た時、島子ははじかれたように、「おけちゃん」の後を追った。

「北村《きたむら》のおっちゃーん。あんねえ――③まるまるの大根だけはやらんといてなあ。のどにつまって息でけへんのやで」

曲がりくねって下りていく牛のいちばん後ろで、北村さんが、

「おーっ、分かったぞう」
と、手を挙《あ》げるのが見えた。そして、牛がマアーッとかん高く鳴き立てるのが聞こえた。島子は、にぎりこぶしを作ったまま、石のように立っていたが、二度めに母牛の声が聞こえた時、自分もまた牛になっていた。
④マアーッ
それは、ありったけの、胸《むね》の底《そこ》からふき上がってくる、どうしようもない熱《あつ》いさけび声だった。

（川村《かわむら》たかし「山へ行く牛」・『日本の名作童話22 くじらの海』岩崎書店《いわさきしょてん》）

ア しかたがないとあきらめる
イ これでよかったのだと思う
ウ 心の底から後かいする

3 ③「まるまるの大根だけは……息でけへんのやで」という言葉から、島子のどんな思いが分かりますか。合うものを一つ選んで、○をつけましょう。（25点）

ア（　）北村さんに対する感しゃ。

イ（　）母牛を失《うしな》うことに対するおそれ。

ウ（　）母牛に対する深い愛《あい》じょう。

4 島子が牛になって④「マアーッ」とさけんだ声を、人間の言葉で表してみましょう。（25点）

表げん力

（　　　　　　　　　　）

子牛からはなれて山へ働きに行く母牛に、どんな声をかけるのか、想像《そうぞう》しよう。

段落《だんらく》と要点《ようてん》をつかむ―要点

きほん ★★★

点

◆次の文章を読んで答えましょう。

1 植物の種《たね》には成長《せいちょう》に必要《ひつよう》な栄養分《えいようぶん》がふくまれていて、①それを土に植えると、やがて芽《め》を出してくきや葉、根が生えます。タンポポの場合にも白い綿毛《わたげ》のついた種が飛《と》び散《ち》って、夏のころには庭や公園が一面にタンポポだらけになることがあります。そこで、タンポポのくきや根をかり取って生えないようにしようとしますが、次の年の春には、また同じ場所からタンポポが生えてきてびっくりすることがあります。

2 せっかく、くきや根までかり取っても、なぜタンポポは生えてくるのでしょうか？

3 それは、タンポポの残《のこ》った根の切り口から、また芽が出てくるからです。簡単《かんたん》な②発芽実験《はつがじっけん》をして、それが本当かどうか確《たし》かめてみましょう。

4 まず、タンポポの根を二～三センチ切り取って、皿の上にティッシュペーパーをのせて水に

段落《だんらく》の大事な文に注目して、段落の要点《ようてん》をとらえましょう。

1 ①「それ」とは、何を指していますか。（20点）

（　　　　　）

2 この文章は、何について書かれていますか。合うものを一つ選《えら》んで、〇をつけましょう。（20点）

ア（　）くきや根までかり取ると、なぜタンポポは春に生えてくるのか。

イ（　）くきや根までかり取ると、なぜタンポポはちがう場所から生えてくるのか。

ウ（　）くきや根までかり取っても、なぜタンポポは生えてくるのか。

「問い」が書かれている段落をさがそう。

ひたし、その上にタンポポの根をのせておきましょう。タンポポの根がくさらないように、三～四日ごとにティッシュペーパーと水を取りかえてさいばいし続《つづ》けると、二～三週間後には根から新たな芽と根が出てきます。根を切り取って、葉に近い方を上にして地面に植えておいても、新たな芽と根が出てきます。これは、タンポポの根には成長に必要な養分がふくまれていて、その切り口には芽の出るもとになる「発芽点」ができるため、葉やくきなどをかり取っても、また芽が出てくるのです。このように、タンポポは、綿毛のついた種からだけでなく、③根の切《き》り株《かぶ》からも芽を出して、大きく成長します。

（萩原信介《はぎわらしんすけ》 かん修《しゅう》『科学のおはなし 植物のふしぎ』ＰＨＰ研究所）

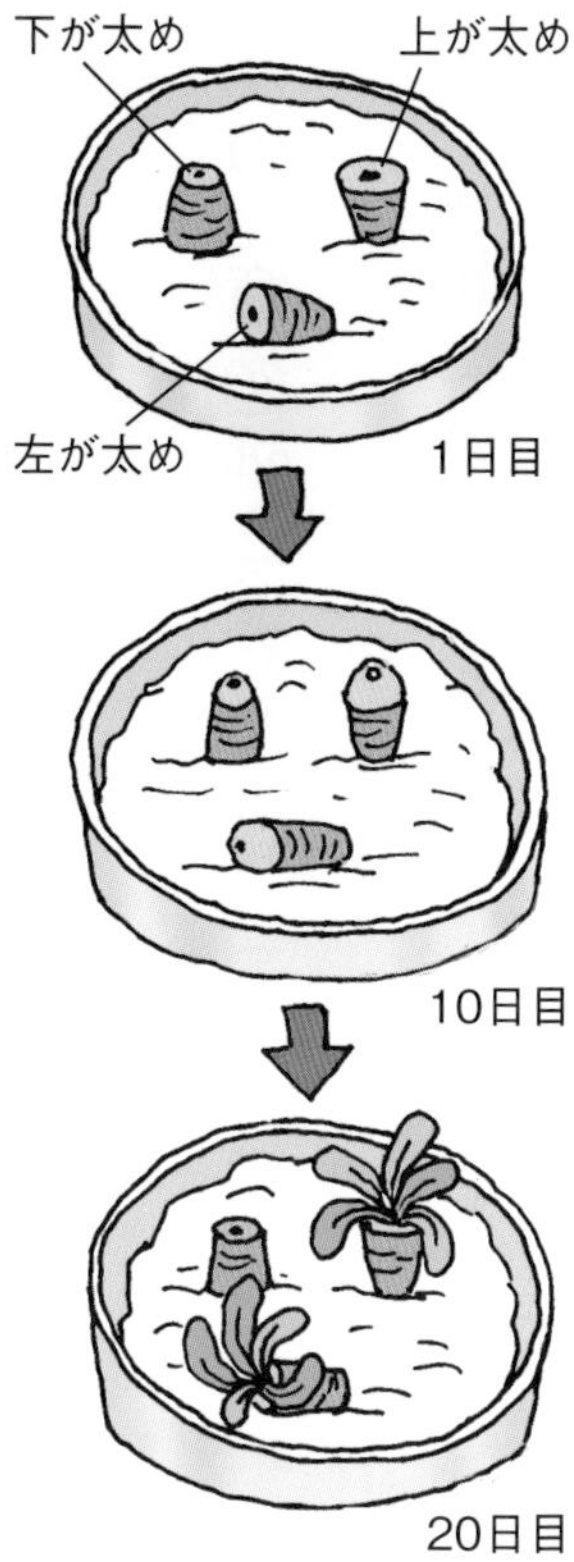
下が太め
上が太め
左が太め
1日目
10日目
20日目
▲タンポポの発芽実験

3

② 「発芽実験」の順《じゅん》になるように、（　）に１～４の番号を書きましょう。（全部できて30点）

（　）タンポポの根を二～三センチ切り取る。

（　）根から新たな芽と根が出てくる。

（　）三～四日ごとにティッシュペーパーと水を取りかえる。

（　）水にひたしたティッシュペーパーの上にタンポポの根をのせる。

4

③ 「根の切り株からも芽を出して」とありますが、なぜ芽が出るのですか。（一つ15点）

タンポポの根には（　　　　）がふくまれていて、切り口に「（　　　　）」ができるから。

4の段落で、実験《じっけん》の結果《けっか》をもとに「問い」の答えをくわしく説明《せつめい》してまとめているね。

段落《だんらく》と要点《ようてん》をつかむ—要点

練習 ★★★

◆次の文章を読んで答えましょう。

1 和紙には、洋紙とくらべて、やぶれにくく、長もちするという二つのとくちょうがあります。このようなちがいは、何によって生まれるのでしょうか。

2 紙のやぶれにくさは、せんいの長さのちがいが関係《かんけい》しています。紙は、そこにふくまれるせんいが長いほど、よりやぶれにくくなります。そして、洋紙と和紙をくらべると、和紙はとても長いせんいでできています。そのため、和紙は、洋紙よりもやぶれにくいのです。

3 紙が長もちするかどうかは、作り方のちがいによります。洋紙を作るときには、とても高い温度にしたり、多くの薬品を使ったりします。しかし、和紙を作るときには、洋紙ほど高い温度

① 和紙には、どんなとくちょうがありますか。（20点）

洋紙とくらべて、

というとくちょう。

② 和紙が①のようなとくちょうをもつのはなぜですか。合うものを二つ選《えら》んで、○をつけましょう。（一つ15点）

ア（　）とても長いせんいでできているから。

イ（　）とても短いせんいでできているから。

ウ（　）とても高い温度にしたり、多くの薬品を使ったりして作るから。

エ（　）高い温度にしたり、多くの薬品を使ったりせずに作るから。

③ 和紙のとくちょうが実感できることとして、どのようなことがあげられていますか。（一つ10点）

点

にすることはなく、薬品もあまり使いません。よりおだやかなかんきょうで作られている和紙は、時間がたっても紙の成分《せいぶん》が変化《へんか》しにくく、その結果《けっか》、長もちするのです。

[4] このような和紙のとくちょうは、国内外のさまざまな所で実感することができます。*正倉《しょうそう》院《いん》には、およそ千三百年前の和紙に書かれた文書が一万点以上《いじょう》ものこっています。それらは、げんざいでも、当時とあまり変《か》わらない手ざわりで、当時と同じように文字を読むことができます。また、日本だけではなく、世界の博物館《はくぶつかん》や美術館《びじゅつかん》などで、古くからある絵画や手紙の修《しゅう》復《ふく》に和紙が使われています。やぶれた所や、いたんでしまった作品全体に和紙をはりつけることで、何百年もの間、作品を元のすがたのままで保管《ほかん》し、人々に見せることができるのです。

（令和《れいわ》2年度版《ばん》 光村《みつむら》図書『国語四下 はばたき』45〜47ページより「世界にほこる和紙」 増田勝彦《ますだかつひこ》）

＊ 正倉院…奈良《なら》県の東大寺《とうだいじ》にある建物《たてもの》。古くから伝《つた》わる多くの宝物《ほうもつ》がしまってある。

・正倉院…およそ千三百年前の和紙に書かれた文字を、当時と（　　）読むこと
ができること。

・世界の博物館や美術館…絵画や手紙の修復に和紙が使われ、何百年もの間、作品を（　　）で保管し、人々に見せることができること。

4 次の説明《せつめい》に合う段落の番号を、全て書きましょう。（一つ10点）

ア 問いの答えを説明している。（　）

イ 例《れい》をあげて説明を加《くわ》えている。（　）

ウ 問いかけて話題をしめしている。（　）

段落《だんらく》と要点《ようてん》をつかむ—要点

点

◆次の文章を読んで答えましょう。

〔筆者は、街《まち》の中で「本日の日がわりパスタ」という看板《かんばん》を出している、スパゲッティの店を見つけた。〕

1　ふと、そぼくな疑問《ぎもん》がうかびます。「パスタ」って、何のことでしょう。「スパゲッティ」を言いかえただけでしょうか。「パスタ」と「スパゲッティ」はどうちがうのか、考えたことありますか。

2　ぼくは、昔、このちがいがわからず、もやもやしていました。

3　答えを言いましょう。実は、「スパゲッティ」は「パスタ」の種類《しゅるい》のひとつです。「パスタ」のほうが、意味が広いのです。

4　パスタには多くの種類があります。サラダに入れる「マカロニ」もパスタです。そのほか、スパゲッティよりも少し平たい「リングイネ」、

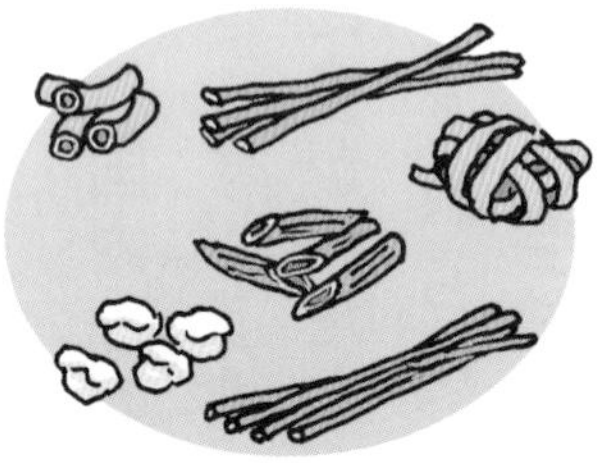

1　「そぼくな疑問」について答えましょう。（一つ15点）

(1) どのような疑問ですか。

「〔　　　　〕」とは何なのか、「〔　　　　〕」とどうちがうのか。

(2) 疑問の答えは、どの段落《だんらく》に書かれていますか。段落の番号を書きましょう。

〔　　〕

2　4の段落に、「パスタ」の種類の名前はいくつ書かれていますか。漢数字で書きましょう。（20点）

〔　　〕つ

きしめんのような「フェットチーネ」、だんごのように丸めた「ニョッキ」、パイプをななめに輪切《わぎ》りにした形の「ペンネ」（ペン先に似《に》ています）など、本当にさまざまです。

5 一九七〇年代、ぼくが小学生だったころ、スパゲッティやマカロニはだれでも知っていました。でも、そのほかのパスタの種類は知られていませんでした。「パスタ」ということばも広まっていませんでした。当時「パスタ」と言えば、顔を洗《あら》うときに使うクリームのことでした。

6 スパゲッティなどの意味の「パスタ」という文字を街で見かけるようになったのは、一九八〇年代になってからです。グルメ（おいしい料理《りょうり》）の時代と言われ、料理の種類がふえてきました。

7 スパゲッティの店では、スパゲッティ以外《いがい》にもいろいろな料理を用意しています。それで、看板に「パスタ」と書いているのです。

（飯間浩明《いいまひろあき》『ことばハンター　国語辞典《こくごじてん》はこうつくる』ポプラ社）

3 5・6の段落の要点《ようてん》として合うものを一つ選《えら》んで、〇をつけましょう。（15点）

ア（　）「パスタ」がスパゲッティなどの意味を表すことばとして広まったのは、一九七〇年代からだ。

イ（　）スパゲッティなどの意味の「パスタ」ということばは、一九八〇年代になってから広まった。

ウ（　）一九七〇年代から八〇年代にかけて、スパゲッティという意味の「パスタ」ということばが作られた。

4 7の段落のように言えるのは、なぜですか。（20点）

「スパゲッティ」は「パスタ」のひとつで、「パスタ」には

（　　　　　　　　　　）があるから。

段落《だんらく》と要点《ようてん》をつかむ―段落の関係《かんけい》

きほん ★★★

点

つなぐ言葉や段落《だんらく》ごとの内ように注目して、段落の関係《かんけい》をとらえましょう。

◆次の文章を読んで答えましょう。

1 日本に住む私《わたし》たちは、当たり前のように日本語を使っています。学校では「国語」を習っています。

2 でも「日本語を国語とする」という法律《ほうりつ》があるわけではありません。法律はなくても、学校では「国語」として日本語を勉強しています。

3 ①こんな日本が当たり前に思えるかもしれませんが、世界では、法律で「国語」や*1「公用語」、*2*3「共通語《きょうつうご》」を制定《せいてい》している国もあります。ひとつの国の中で、いろんな言葉が話されているからです。

4 ひとつの国の中でいくつもの言葉が使われていることによって、ちがう言葉を使う人たちの間の仲《なか》が悪くなったり、ふん争《そう》が起きたりすることもあります。「同じ言葉を話す人たちだけで別《べつ》の国をつくろう」という運動が起きたりしています。

5 それほどまでに、言葉というのは大事なのですね。

1 ①「こんな日本」とは、日本がどんな様子であることを指していますか。（一つ15点）

（　　　）がなくても当たり前のように日本語を使い、日本語を「（　　　）」として勉強していること。

2 世界に、法律で「国語」や「公用語」などを制定している国があるのはなぜですか。文章から二十四字で書きぬきましょう。（15点）

[6] あなたは、そんな気持ちで日本語を使っているでしょうか。

[7] 人に感謝《かんしゃ》の気持ちを伝《つた》えるときは、必《かなら》ずしも言葉にたよらなくてもいいことがあります。顔一面の笑顔《えがお》。何度も何度もくり返すお辞《じ》ぎ。笑顔で差《さ》し出《だ》すあく手の手。これだけで、十分伝わることもあるでしょう。

[8] でも、言葉に出さなくては伝わらないこともあるのです。言葉は、私たちの思いを乗せて相手に届《とど》ける乗り物です。乗り物が小さいと、つまり知っている言葉の数が少ないと、思いをすべて相手に届けることはできません。自分のもっている思いや気持ちが、すべり落ちてしまうのです。たくさんの言葉を知って、②大きな乗り物に仕立てたとき、私たちは大量《たいりょう》の思いを届けることができます。

（池上《いけがみ》彰《あきら》、稲葉茂勝《いなばしげかつ》『世界の言葉で「ありがとう」ってどう言うの？』今人舎《いまじんしゃ》）

＊1 国語…それぞれの国で使っている言葉。

＊2 公用語…いくつかの言葉が使われている国で、おおやけの場で使うように国が決めた言葉。

＊3 共通語…ちがう言葉を使う国や民族《みんぞく》などの人たちが、いっしょに話すことができるように使う言葉。

3 [7]と[8]の段落は、どんな関係ですか。合うものを一つ選《えら》んで、○をつけましょう。（20点）

ア（　）[7]の内ようを[8]でまとめている。

イ（　）[7]と反対の内ようを[8]でのべている。

ウ（　）[7]の例《れい》を[8]でのべている。

[8]の段落の最初《さいしょ》には、どんなつなぐ言葉があるかな？

4 ②――とは、どういうことですか。（20点）

［　　　　　　　　　　　　　　　　］

5 筆者が最《もっと》も伝えようとしていることを一つ選んで、○をつけましょう。（15点）

ア（　）学校の役わり。

イ（　）笑顔の大切さ。

ウ（　）言葉の重要《じゅうよう》さ。

21

説明文《せつめいぶん》

段落《だんらく》と要点《ようてん》をつかむ――段落の関係《かんけい》

練習 ★★★

点

◆次の文章を読んで答えましょう。

[1] 動物が、枝《えだ》を移動《いどう》するときは、枝の上側《うえがわ》を移動すると考えがちですが、ヤマネは枝の下側を移動します。それには、わけがあるのです。

[2] 一つめは、植物の光合成《こうごうせい》*1に原因《げんいん》があります。植物は、太陽の光を受けるために葉や小枝を枝の上側からのばしています。すると、ヤマネのような動物がそこを通ろうとすると、枝や葉がじゃまになります。一方、枝の下側は枝や葉の障害《しょうがい》がないので、ヤマネが移動するための道としては、すばらしいハイウェー*2なのです。

[3] 二つめは、樹上《じゅじょう》での□の問題です。シャクトリムシなどのように、樹上にいる小さなものは、枝の上側を歩きます。

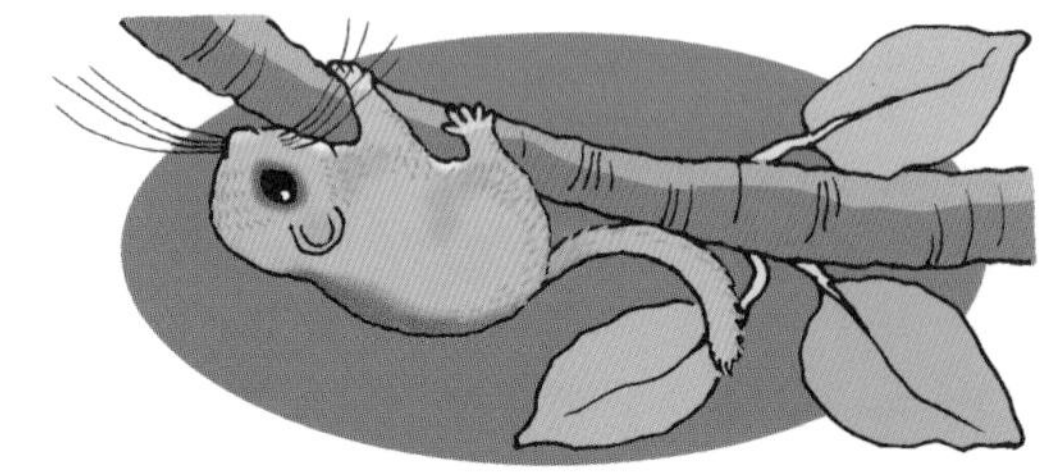

1 「それ」とは、何を指していますか。（20点）

【　　　】

2 ヤマネなどが枝の上側を通ろうとすると、枝や葉がじゃまになるのはなぜですか。（一つ15点）

植物は、（　　　）を受けるために

葉や小枝を（　　　）からのばすから。

3 □に合う言葉を、文章から四字で書きぬきましょう。（15点）

□□□□

でも、大きいものになると枝の下側を移動します。上側を歩くよりは、しがみつきながら逆《さか》さまになるほうがバランスが安定するからです。ヤマネも同じ理由なのです。このようなわけで、*3チッチたちは枝の下側の移動を好《この》むのです。

[4] 加《くわ》えて、ヤマネの背中《せなか》の黒い線は、*4カムフラージュの効果《こうか》を発揮《はっき》します。黒い線は枝を歩くとき、枝ののびるラインと背中の線がつながり、敵《てき》に見つかるのをふせぐ役割《やくわり》をするのです。

[5] また、おなかの茶色の毛もたいせつです。同じ森に住んでいるヒメネズミやアカネズミの毛は、背中は茶色で、おなかは白色と別《べつ》になっています。でも、ヤマネは背中もおなかも同じ色なので、上からねらっている天敵からも、下からねらっている天敵からも見つかりにくいのです。

（湊《みなと》 秋作《しゅうさく》『森のスケーター ヤマネ』文研出版《ぶんけんしゅっぱん》）

＊1 光合成…植物が、光のエネルギーを使って、二酸化炭素《にさんかたんそ》と水分からでんぷんを作ること。
＊2 ハイウェー…「高速道路」のこと。
＊3 チッチ…筆者が観察《かんさつ》しているヤマネの名前。
＊4 カムフラージュ…ここでは、天敵から身を守るため、発見されにくくすること。

4 [4]・[5]の段落《だんらく》の内ようとして、合うものを一つ選《えら》んで、○をつけましょう。（15点）

ア（　）ヤマネとヒメネズミやアカネズミは、天敵どうしである。
イ（　）ヤマネの体の色は、敵から身を守るのに役立っている。
ウ（　）ヤマネは枝をすばやく歩けるので、敵からねらわれにくい。

5 [1]～[5]の段落の関係《かんけい》に合うものを一つ選んで、○をつけましょう。（20点）

ア（　）[1][2]—[3][4]—[5]
イ（　）[1]—[2][3]—[4][5]
ウ（　）[1][2]—[3]—[4][5]

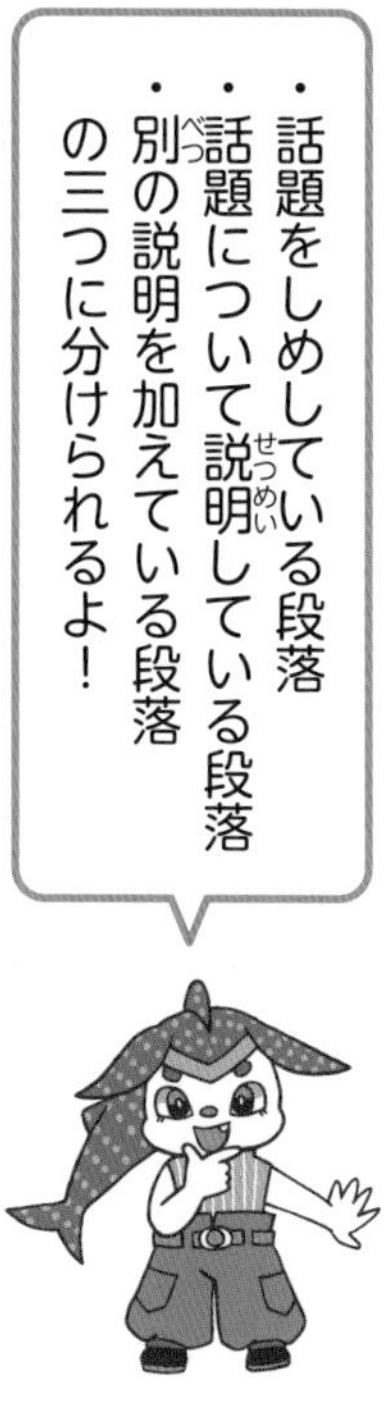
・話題をしめしている段落
・話題について説明《せつめい》している段落
・別《べつ》の説明を加えている段落
の三つに分けられるよ！

段落《だんらく》と要点《ようてん》をつかむ―段落の関係《かんけい》

◆次の文章を読んで答えましょう。

1 クラゲの体は、どのようなつくりになっているのでしょう？

2 ミズクラゲを例《れい》に見てみると、体には骨《ほね》やこうらのようにかたい部分がない上に、体の九十五パーセント以上《いじょう》が水分です。そのためクラゲは、砂浜《すなはま》に打ちあげられるとその水分が蒸発《じょうはつ》して、まるで消えてしまったかのように、姿形《すがたかたち》がわからなくなってしまいます。

3 海にプカプカういているだけのように見えるクラゲですが、かさを閉《と》じたり開いたりすることで泳ぎます。さらにこの運動には、＊水管《すいかん》を通して栄養《えいよう》を体全体にいきわたらせたり、体の中でいらなくなったものを、体全体から口に集めたりする役目もあります。

4 ほとんどの動物は、口から食べたエサを胃《い》や腸《ちょう》で消化し、体の中でいらなくなったものを

1 この文章は、何について書かれていますか。（一つ15点）

（　　　　）の体が、どのような（　　　　）になっているのかについて。

2 ――とありますが、それはなぜですか。（一つ10点）

骨やこうらのように（　　　　）部分がなく、体の（　　　　）パーセント以上が水分でできているから。

3 「ほとんどの動物」と「クラゲ」の体のちがいを表にまとめましょう。（一つ5点）

点

ふんとしてこう門から出します。このように動物の体は、口という入口と、こう門という出口のある、管《くだ》のようになっています。口は、動きまわってエサをさがし、つかまえて食べるのに都合のいいように、体の前の方にあります。出口であるこう門は、逆《ぎゃく》に、体の後ろの方にあります。

5 まん丸なクラゲはどうでしょう。

6 クラゲは口とこう門が同じのため、出入口がひとつです。そのため、体が管のようになっていません。これが、クラゲがほかの動物と大きくちがうところです。口が前でこう門が後ろということもないので、クラゲには前後の区別《くべつ》がありません。

（並河《なみかわ》洋《ひろし》『クラゲは花』福音館書店《ふくいんかんしょてん》）

＊ 水管…栄養を体全体におくり、いらなくなったものを集めて口におくる。

ほとんどの動物	クラゲ
（　　）である口が体の前に、（　　）であるこう門が後ろにあって、管のようになっている。	口とこう門が（　　）で、（　　）がひとつなので、管のようになっていない。（　　）の区別がない。

4 4～6の段落は、どんな関係《かんけい》ですか。合うものを一つ選《えら》んで、○をつけましょう。（25点）

ア（　）4の段落と5・6段落とで、別のものをくらべている。

イ（　）4の段落の問いに、5・6の段落でくわしく答えている。

ウ（　）4の段落の例を、5・6の段落で説明している。

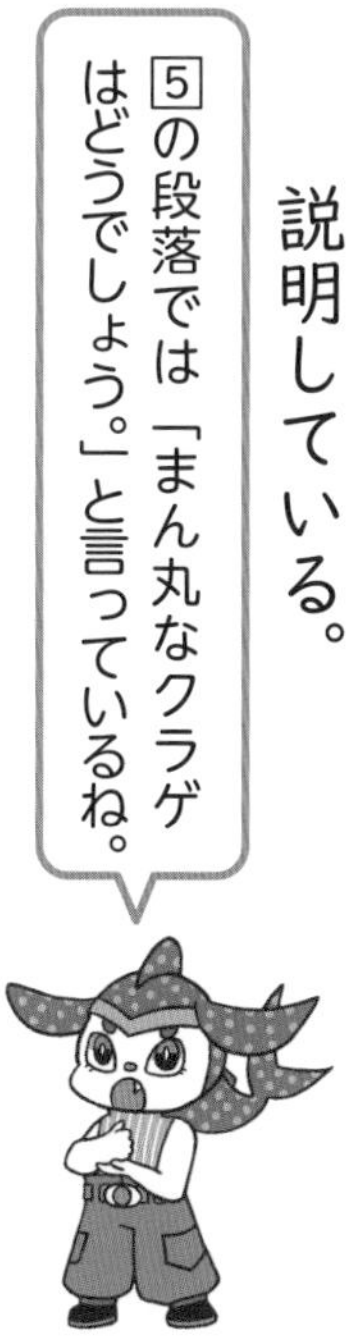

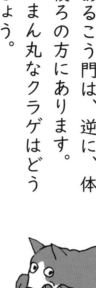

23

説明文《せつめいぶん》

段落《だんらく》と要点《ようてん》をつかむ—段落の関係《かんけい》

おうよう ★★★

点

◆次の文章を読んで答えましょう。

[1] お米の形がちがう。細長いのはインドのお米。短いのは日本のお米。

[2] 日本で、ぼくたちがふつうに食べているお米と、インドや東南アジアの、もっとあたたかい国で食べているお米とでは、形がちがう。たいたごはんも形がちがう。ちがうのは、形だけだろうか。そこで、実験《じっけん》をしてみることにした。

[3] おはしでつまんでみると、日本のごはんはつまみやすいけど、インドのごはんはつまみにくい。手でつまんでみると、日本のごはんはくっつくけれど、インドのごはんはさらさらして、手につかない。おにぎりをにぎってみたら、日

▲日本のお米

▲インドのお米

▲日本のお米をたいたごはん

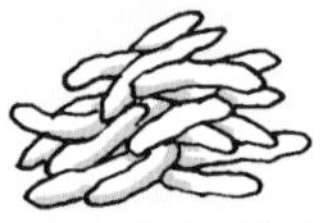

▲インドのお米をたいたごはん

❶ 日本とインドのお米をたいたときの、形やせいしつのちがいを、表にまとめましょう。（一つ10点）

	形	せいしつ
日本のお米	（　　）い形。	くっつきやすい。
インドのお米	（　　）い形。	（　　）して、手につかない。

❷ [4]・[5]の段落《だんらく》の内ように合うものを二つ選《えら》んで、○をつけましょう。（20点）

ア（　）日本のごはんはちゃわんについでもちあげて食べるほうがべんりだ。

イ（　）日本とインドのごはんは口の近くにもってきて、かっこむほうがべ

本のごはんではきれいにできたけど、インドのごはんではくずれてしまう。

（中りゃく）

4 いろいろと実験してみて、わかった。インドの細長いお米でたいたごはんは、おはしではつまみにくいし、指にもつかないから、手で食べたりするんだ。手やスプーンで食べるには、ちゃわんよりもおさらがべんりなのだろう。このぱらぱらしたごはんを、おはしとちゃわんで食べようとすると、どうしても、口の近くにもってきて、かっこむことになる。

5 日本のごはんはくっつきやすいから、おはしでもちあげて食べられる。おはしだと、テーブルなんかにおいたおさらの上からはこぶよりも、ちゃわんについで、もちあげて食べるほうがやりやすい。

6 お米がちがうから、手やスプーンで食べるか、おはしで食べるか分かれるんだろう。

（森枝卓士《もりえだたかし》『手で食べる？』福音館書店《ふくいんかんしょてん》）

ウ（　）インドのごはんはおさらにのせて手でつまみながら食べるほうがべんりだ。

エ（　）インドのごはんはおはしでつまみやすいのでおさらで食べるほうがべんりだ。

3 インドと日本でお米を、手やスプーンで食べるか、おはしを使って食べるかに分かれたのはなぜですか。（20点）

□□□□□□から。

4 文章全体の段落の関係《かんけい》を説明《せつめい》した文になるように、□に合う番号を書きましょう。（全部できて30点）

□～□の段落で説明したことを、□の段落でまとめている。

24 説明文《せつめいぶん》 段落《だんらく》と要点《ようてん》をつかむ―段落の関係《かんけい》

おうよう ★★★

◆次の文章を読んで答えましょう。

[1] 改《あらた》めて気づくのは、日本語の数え方には色やにおい、かたさや手ざわり、温度、味、古さ、好《す》ききらいなどを表すものがないということです。もし、こういった特《とく》ちょうを表す数え方が生まれたら、日本語はもっと便利《べんり》で表情《ひょうじょう》ゆたかになるかもしれません。数え方は、今あるものを正しく覚《おぼ》えて使うだけでなく、新しく生みだすことだってできるのです。①そんなことができるのかと思うかもしれませんが、②このような例《れい》は、日本語の歩みの中ではめずらしいことではありません。

[2] 例《たと》えば、馬のように大きな動物を数える「一頭」は、明治《めいじ》時代に新しく生まれたものです。海外の本に書かれていた、動物を数える「ヘッド」という言葉を、日本の学者たちがヒントにしたのです。「ヘッド」は、英語《えいご》で「頭」の意味で、動物の頭数を数えるときにせん門家たちが使っていました。

1 ①「そんなこと」とは、どういうことですか。（15点）

数え方を（　　　　）こと。

2 ②「このような例」の具体的《ぐたいてき》な例が書かれている段落《だんらく》の番号を、全て書きましょう。（全部できて20点）

（　　　　）

3 「一頭」という数え方は、何をヒントにして生まれましたか。（一つ15点）

英語で「（　　　　）」の意味をもち、動物の頭数を数えるときにせん門家たちが使っていた「（　　　　）」という言葉。

点

それまでの日本語では、馬でもネコでも「一ぴき」と数えていたので、動物の大きさのちがいを数え方で区別《くべつ》するのは、新しい発想でした。

[3]　その後にも、数え方は生《う》まれ続《つづ》けています。家は「一けん」と数えますが、マンションなどの大がたの集合住たくの場合には、「一とう」と数えることが多いようです。近年は広告《こうこく》などで、ごうかな建物《たてもの》を連《れん》想《そう》させる「一てい」という言葉も使われています。

頭
ひき

（中りゃく）

[4]　このように、数え方は、いろいろな発想をもって生みだすことができます。これまで受けつがれてきた言い方を正しく使っていくことは、もちろん大切ですが、一方で、新しいものを生みだせるという、言葉のじゅうなんさにも目を向けることが大切です。

（令和《れいわ》２年度版《ばん》 東京書籍《とうきょうしょせき》『新しい国語四下』90〜92ページより
「数え方を生みだそう」飯田朝子《いいだあさこ》）

4　[1]〜[4]の段落の関係《かんけい》に合うものを一つ選《えら》んで、○をつけましょう。（15点）

ア（　）[1]—[2][3]—[4]

イ（　）[1][2]—[3][4]

ウ（　）[1]—[2][3][4]

5　えんぴつの新しい数え方を考えてみましょう。また、そのような数え方を考えた理由も書きましょう。（全部できて20点）

数え方
（　　　　　　　　）

理由
（　　　　　　　　）

表げん力

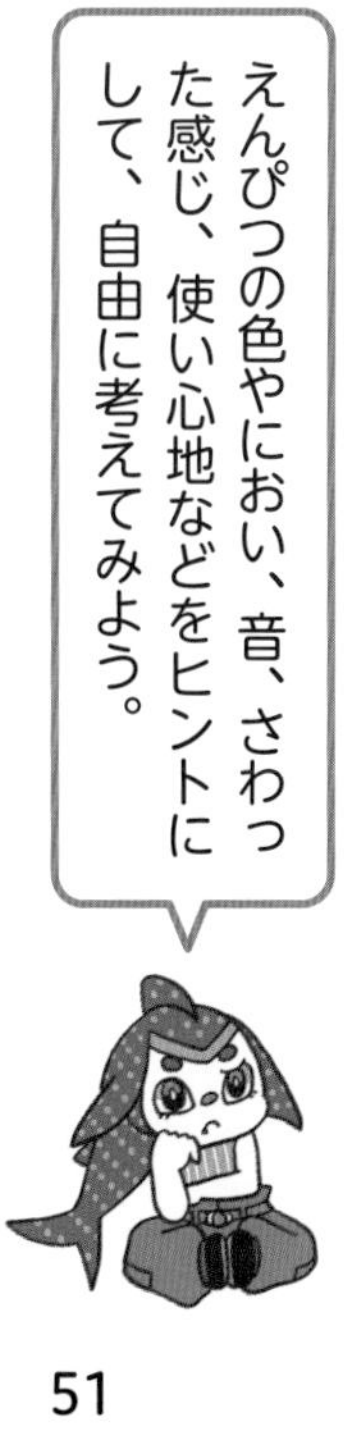
えんぴつの色やにおい、音、さわった感じ、使い心地などをヒントにして、自由に考えてみよう。

全体をつかむ―場面・気持ちの変化《へんか》

きほん ★★★

◆次の文章を読んで答えましょう。

十さいになるまで、キキはまあまあふつうの女の子としてそだってきました。（中りゃく）

十さいになってしばらくたったころ、友だちが、「あたし、かあさんのあとをついで美容師《びようし》になるんだ」といったのを耳にして、「あとつぎ」ということを急に考えるようになったのです。コキリさんが①あとをついでほしいと思っていることはうすうす感じていました。でもキキは、かあさんが魔女《まじょ》だからあたしも、とかんたんに考えるのはどうも気がすすまなかったのです。

（あたしは自分のすきなものになるんだ。自分で決めるんだ）

キキはそう思っていました。

そんなある日、コキリさんが、

「ちょっとだけ、飛《と》んでみない？」

と小さなほうきを作ってくれたのです。

「あたしが？　飛べる？」

変化《へんか》のきっかけになった出来事に注目して、場面・気持ちの変化をとらえましょう。

1 ①「あとをついでほしい」とは、具体的《ぐたいてき》にはどんなことを表していますか。合うものを一つ選《えら》んで、○をつけましょう。（20点）

ア（　）キキに空を飛んでほしい。

イ（　）キキに魔女になってほしい。

ウ（　）キキにいつもいっしょにいてほしい。

2 ①のことについて、キキは、どう思っていましたか。（20点）

自分の（　　　　）になりたいと思っていた。

キキの心の中の言葉に注目しよう。

点

「魔女のむすめですもの、だいじょうぶなはずよ」

キキは、そのさそうようないいかたがすこし気になりましたが、めずらしさもてつだって、さっそくかんたんに飛びあがりと着地のしかたをおしえてもらうと、コキリさんのあとについて、おずおずとほうきにまたがって、地をけったのでした。

とたんに体がすっと軽くなり、キキは、なんと、②空中にういていたのです！

「あたし、飛んでる！」

キキは思わずさけんでいました。それは屋根よりたった三メートルばかりの高さでしたが、とてもいい気持《きもち》でした。空気も、ほんのすこし青い感じでした。それに、もっと高いところを飛んでみよう、もっと、もっと……そしたら何が見えるかな、何があるかな、もっと、もっと……とまるで体と心をもちあげるようなふしぎな興味《きょうみ》がわいてきて、たちまち飛ぶことがだいすきになってしまいました。

そしてもちろん、魔女になる決心をしたのです。

（角野栄子《かどのえいこ》『魔女の宅急便《たっきゅうびん》』福音館書店《ふくいんかんしょてん》）

3 ②「空中にういていたのです」とありますが、この時、キキの心に、どんな思いがわいてきましたか。（一つ15点）

もっと高いところを飛んだら、

（　　　　　　）、

（　　　　　　）という、体と心をもちあげるようなふしぎな興味がわいてきた。

「あたし、飛んでる！」とさけんだ後の部分をよく読もう。

4 ほうきにまたがって、空中にういたキキの気持ちはどうなりましたか。（一つ15点）

飛ぶことが（　　　　　　）になって、

（　　　　　　）決心をした。

◆次の文章を読んで答えましょう。

〔ゆうすけは、夏休みの間、おじいちゃんがけいえいしている登山客をとめる山小屋『妙山荘《みょうざんそう》』にあずけられていたが、そこへ、パパがむかえに来た。〕

「けれど、ママも無責任《むせきにん》だな。子どもをこんな所におしつけていくなんてさ。おじいちゃんは、あんながんこな人だしな。さあ、したくをしろよ。いっしょに帰ろう」

（中りゃく）

あんなにここをにげだしたかったのに、①ゆうすけは動けなかった。

「パパ。急ぐの？」

「そうだな。会社には無理いって、今日だけ、休みをもらってる。でも、おじいちゃんには、ちゃんとあいさつしとかなきゃな」

ゆうすけは、そんなこといいたいのではなかった。でも、何をいいたいのか自分でもわからなかった。ただ、パパがいった「こんな所」が気になっ

1 ①「ゆうすけは動けなかった」とありますが、このときのゆうすけはどんな気持ちでしたか。合うものを一つ選《えら》んで、○をつけましょう。（20点）

ア（　）パパと帰る決心がつかない気持ち。

イ（　）したくをするのがおっくうな気持ち。

ウ（　）パパにゆっくり休んでもらいたい気持ち。

2 ②「ここは、そんな所じゃない」について答えましょう。（一つ15点）

(1)「そんな所じゃない」とは、どういうことですか。

パパが思うほど、ここは、（　　　）所でも、（　　　）所でもないということ。

ていた。こんなひどい所とか、こんなつまらない所という意味に聞こえた。

②ここは、そんな所じゃない。つめたくておいしい水があり、きれいな青空がある。白かばやブナの林があり、山頂《さんちょう》近くにはお花畑がある。登山客のみんなは、知らない人でもあいさつをし、けが人や病人がでれば、みんなで助け合う。妙《みょう》蛾《が》岳《だけ》山頂からは、すばらしく見晴らしのいい景色《けしき》がみえる。それに、みんなから赤帽《あかぼう》さんとよばれる山じいちゃんがいる。

でも、ゆうすけだって、ここにきたばかりのころは、パパと同じだった。

「パパ。あと一日だけ、会社を休んでよ。おねがい」

「どうしてさ」

「パパを、山の上まで、案内《あんない》したいんだ」

ゆうすけはそういいながら、ドイツからママが帰ってきたら、ママも案内しようと思った。ということは、そのときまでゆうすけは、この山小屋でくらすということだった。自分でも、思いもしなかった答えがでてしまった。

（横山充男《よこやまみつお》『夏のてっぺん』佼成出版社《こうせいしゅっぱんしゃ》）

(2) ゆうすけが「ここ」をどんな所だと感じているかが具体的《ぐたいてき》に書かれている部分を文章からさがして、初《はじ》めと終わりの五字を書きぬきましょう。（全部できて20点）

□□□□□ 〜 □□□□□

3 ゆうすけの気持ちは、山小屋に来たころと今とでは、どのように変《か》わりましたか。当てはまる言葉を後から選んで、記号で答えましょう。（一つ15点）

山小屋に来たころは、（　　）が、今では、山小屋での生活が（　　）、このまま山小屋でくらしたいという気持ちに変わった。

ア めずらしかった　イ にげだしたかった
ウ 気に入って　エ うんざりして

最後《さいご》の「自分でも、思いもしなかった答え」とはどういうことかを考えよう。

全体をつかむ――場面・気持ちの変化《へんか》へ

おうよう ★★★

◆ 次の文章を読んで答えましょう。

「楽しいねー。もっと、いろんな曲、うたいたいよねー」

そんな声があがって、ソラちゃんと美胡《みこ》ちゃんが、みんなからリクエストをつのる。

「楽ふは私《わたし》たちで用意するから、陽菜《ひな》ちゃん、ひけるようにがんばってくれる?」

ソラちゃんに言われて、陽菜はうなずいた。

「①うん、いいよ」

だって、うなずくしかない。

今さらイヤとは言えないし、なにより、みんなに喜《よろこ》ばれて、陽菜もうれしかったのだ。

そのあとも、次々に新しい曲をリクエストされて、陽菜はいそがしくなるとともに、だんだん②ピアノ係りとして、みんなに大事にされるようになっていった。

体育の時間にバスケットボールをしたときに指の心配をしてくれる子がいたり、ちょっとあ

❶ ①「うん、いいよ」と言ったとき、陽菜はどんな気持ちでしたか。（20点）

ピアノのばんそうをしたことをみんなに喜ばれて、（　　　　）気持ち。

❷ ②「ピアノ係りとして、みんなに大事にされるようになっていった」とありますが、陽菜は、みんなにどのように大事にあつかわれるようになったのですか。そのことが具体的《ぐたいてき》に書かれている部分を文章からさがして、初《はじ》めと終わりの五字をそれぞれ書きぬきましょう。（全部できて20点）

□□□□□ ～ □□□□□

点

くびをしただけで夜おそくまでピアノの練習をしてたの？　と聞かれたり……。

かぜで一日休んだだけの次の日なんて「だいじょうぶ？」と声をかけてくれた子が、八人いたのだ。

私なんていてもいなくてもだれも困《こま》らないと思っていたのに、陽菜は、この教室にいることが楽しくなっていった。

そしてピアノ係りを、だれにもゆずりたくないと思うようにまでなった。


（中りゃく）


だから、あの転校生を見たとき……。

立ったまま《軍隊《ぐんたい》ポロネーズ》をひけてしまう黒田充斗《くろだじゅうと》が、このクラスの一員になることになったとき……。

陽菜は、ピアノ係りをとられてしまったらどうしようと不安《ふあん》になったのだ。

自分のほうがうまいよと、ピアノ係りを私からうばいとるかもしれないと、陽菜の不安《ふあん》はつのるばかりだった。


（草野《くさの》たき『またね、かならず』岩崎書店《いわさきしょてん》）

3 陽菜は、ピアノ係りになる前は、自分のことをどのように思っていましたか。（20点）

〔　　　　　　　　〕と思っていた。

4 次の場面とそのときの陽菜の気持ちについて、表にまとめましょう。（一つ20点）

場面	陽菜の気持ち
陽菜はピアノ係りになり、みんなに大事にされるようになった。	〔　　　　　　　　〕
ピアノがとても上手な転校生が、クラスにくることになった。	〔　　　　　　　　〕

全体をつかむ—あらすじ

きほん ★★★

点

◆次の文章を読んで答えましょう。

「おなかがすいて子どもがないているのです。すみませんが、ぶどうを一ふさいただきます。」

おやぎつねはそういって、ぶどうの木にとびあがり、大きなふさを取りました。それをくわえて、大いそぎで山の方へもどりました。(中りゃく)

るすのうちにおそろしいわしなどに、あの子はさらわれはしなかったろうか。でも、あれ、こーんこんなきごえがしております。おやぎつねは安心しました。と、にわかにつかれがでてきました。持ったぶどうが、重くて重くてたまらなくなったのです。で、一本の木の下にそのぶどうの一ふさをおいて、やれくたびれたとやすみました。

ところがその時、やすむまもなく、すぐそばでわんわん犬のこえがしました。りょうしが犬をつれてもうそこにきているのです。どうしましょう。ぶどうどころではありません。こぎつねがてっぽうでうたれます。思わずおやぎつねは、大きなこえで呼《よ》びました。

場面ごとの、出来事や、登場人物の行動・様子などに注目して、あらすじをとらえましょう。

1 おやぎつねは、何のためにぶどうを取ったのですか。(20点)

（　　　　　　　　）

2 「ぶどうどころではありません」と、おやぎつねはなぜ思ったのですか。(一つ20点)

おやぎつねがぶどうを取ったときにいった言葉に注目しよう。

こぎつねが（　　　）に（　　　）でうたれると思ったから。

「こーんあぶない。はやくにげなさい。」

こぎつねはこのこえにびっくりして、あなをとび出し、かけてかけて山のおくへにげて行きました。

〔それから何年もおかあさんは帰ってこなかった。大きくなったこぎつねは、ある時、一本の木の下にぶどうを見つける。〕

「こんなところにぶどうがあったかしら。」

こぎつねはふしぎに思いながら、そのひとつぶをたべました。何とおいしいぶどうでしょう。

「ああおいしい。ああおいしい。」

こぎつねはのどをならして、次から次へとたべました。しかしその時、ふとおかあさんのこえを思いだしました。

「まっておいで、おいしいものをとってきてあげる。」

すると、そこにぶどうがなっているわけがわかりました。

「そうだ。」

そう思うと、今はどこにいるかわからないおかあさんに、こえをあげておれいをいいました。

「おかあさん、ありがとうございました。」

（坪田譲治《つぼたじょうじ》「きつねとぶどう」『少年少女日本文学館第十四巻《かん》』講談社《こうだんしゃ》）

3 文章のあらすじをまとめました。それぞれ合うほうに、〇をつけましょう。（一つ20点）

おやぎつねはこぎつねのために、ぶどうを取って帰るとちゅう、りょうしがいることに気づき、

ア（　）こぎつねに、はやくにげるようにと呼びかけ、こぎつねをにがした。

イ（　）りょうしをやっつけようとたたかい、こぎつねをすくった。

大きくなったこぎつねは、ぶどうがなっているのを見つけ、そのぶどうが、

ア（　）おかあさんがこぎつねにないしょでうえていたものだ

イ（　）おかあさんがこぎつねのためにとってくれたものが育ったものだ

と分かり、おかあさんにおれいをいった。

全体をつかむ―あらすじ

点

◆次の文章を読んで答えましょう。

「①おや、ツバメが落ちてきたぞ。」

軍《ぐん》かんのかん板を歩いていた水兵《すいへい》さんが、ツバメをてのひらの上に拾いあげて、そういいました。

それは、まじり毛のツバメでした。

水兵さんは、若《わか》い、元気な日本の水兵さんでした。

「どれ、どれ。」

水兵さんたちがおおぜい集まってきました。

「タカにでもやられたのだな。かわいそうに……」

「まだ、生きているかもしれない。」

「からだが、あったかいぞ。生きてる、生きてる。」

「じゃあ、おれが今夜だいてねてやろう。」

若い水兵さんは、そういって、シャツを開けて、そっとむねの中に入れました。

ひと晩《ばん》じゅう、まじり毛のツバメは、若い水兵さんのからだのぬくみで、あったためてもらいました。

よく日は、だいぶ元気になりました。

1 ①「おや、ツバメが落ちてきたぞ」とありますが、何が起こったのですか。（一つ15点）

軍かんのかん板の上に、（　　　）が（　　　）きた。

直後の文をよく読もう。

2 ②「若い水兵さんは喜んでさけびました」とありますが、水兵さんはどんなことを喜んだのですか。（20点）

（　　　　　　　　）

3 ③「いよう、大将、元気だぞ」は、どんなことについて言っているのですか。合うものを一つ選《えら》んで、〇をつけましょう。（20点）

「おーい、生きかえったぞ。」
②若い水兵さんは喜《よろこ》んでさけびました。
水兵さんたちは、針金《はりがね》で鳥かごをつくってくれました。

軍かんの中にいる小さな虫もとってきてくれました。

三日たつと、すっかり元気になりました。

ジュク、ジュク、ジュクジュクジュク。

かごの止まり木にとまると、むねをはって、高らかに鳴きました。

「③いよう、大将《たいしょう》、元気だぞ。」

こういうと、若い水兵さんは鳥かごをかん板に持ってでました。


（中りゃく）


にこにこ笑《わら》いながら、若い水兵さんたちは、鳥かごから出してやりました。

まじり毛のツバメはさっと飛《と》びだしました。

「おーい。しっかり行けよ。」

水兵さんたちは、ぼうしをとって、高く高くふってくれました。


（椋《むく》鳩十《はとじゅう》「あらしをこえて」『椋鳩十名作選《せん》「モモちゃんとあかね」』理論社《りろんしゃ》）


ア（　）水兵さんたちが元気に働《はたら》いていること。

イ（　）ツバメがすっかり元気になったこと。

ウ（　）もうすぐ軍かんが目的地《もくてきち》に着くこと。

「大将」とは、だれのことを言っているのかを考えよう。

4 文章のあらすじをまとめました。合う言葉を後から選んで、記号で答えましょう。（一つ15点）

軍かんのかん板の上に落ちていたツバメを水兵さんが見つけ、（　　）。水兵さんたちはツバメの世話をし、元気になったツバメは、水兵さんたちに（　　）。

ア すぐに飛びたたせた　イ 命をすくった
ウ 見送られ、飛びたった
エ ずっとかわれた

全体をつかむ―あらすじ

◆次の文章を読んで答えましょう。

春野《はるの》タクシー会社。ここが、松井《まつい》さんの会社なのです。

松井さんは、車のそとにでました。つぎに、客《きゃく》席《せき》のドアを、いきおいよくあけました。

「①おやっ。」

大きな黒いかわの、ふくらんださいふがあります。とりあげて、中をのぞくと、ぎっしりお金がつまっていました。そのお金にまじって、②もちぬしのめいしらしいものが、五、六まいはいっていました。

熊谷株式会社《くまだにかぶしきがいしゃ》
熊野熊吉《くまのくまきち》

松井さんはすぐ、今夜のせた、いちばんおしまいのお客のすがたをおもいだしました。

――あのとき、ふとバックミラーを見あげると、ねむりこけているしんしの顔が、まるで、くまそっくりに見えたのでした。オーバーのえりをたて、

1 ①「おやっ」とありますが、なぜ、このように思ったのですか。（20点）

松井さんは、タクシーの客席に［　　　　］があったから。

直後の部分に注目しよう。

2 ②「もちぬしのめいしらしいもの」を見て、松井さんは、さいふがだれのものだと思ったのですか。（20点）

今夜のせた、［　　　　］のもの。

松井さんが、めいしを見て何を思い出したのかをとらえよう。

点

ソフトぼうをななめにかぶり、くまの顔をしたしんしは、かすかなねいきをたてていました。

びっくりした松井さんは、③もうすこしでハンドルをきりそこなうところでした。

そのひょうしに、車はガタンと大きくゆれました。

〔しんしは、目をさました。〕

バックミラーのなかには、あたりまえの男の顔がうつっていました。松井さんは、くまに見えたのは、目のまちがいだったのか、とおもいました——。

やがて車は、大きなやしきのまえにとまりました。しんしは、ひろい背中《せなか》をゆするような歩きかたで、ゆったりと門のなかにはいっていきました。

松井さんは、そのお客のことを、すぐにおもいだしたのです。

（あの人が、熊野熊吉さんにちがいない。）

そうおもったので、また、うんてんせきにもどりました。


（あまんきみこ「くましんし」『少年少女文学館第二十四巻《かん》 現代《げんだい》児童《じどう》文学傑作選《けっさくせん》２』講談社《こうだんしゃ》）

3 松井さんが③「もうすこしでハンドルをきりそこなうところ」だったのは、なぜですか。（一つ20点）

ねむりこけているしんしの顔が、

（　　）そっくりに見えて、

（　　）したから。

4 文章のあらすじをまとめました。（　）に合う内ようを、「くま」「目のまちがい」という言葉を使って書きましょう。（20点）

松井さんは、客席にさいふを見つけ、その中の「熊野熊吉」とあるめいしを見て、今夜のおしまいのお客のすがたをおもいだした。そのお客は、

（　　）

そして、松井さんは、その人が熊野熊吉さんだと考えた。

全体をつかむ―あらすじ

◆次の文章を読んで答えましょう。

〔冬をむかえる前に南へわたらなければならないサギのシロは、飛《と》び立《た》つ気配を見せなかった。清三《せいぞう》は、これいじょう、シロをここにおいておけないと考えた。〕

「いいよ、な、カンボジアまでいけなくたって、沖縄《おきなわ》だって、鹿児島《かごしま》だって……」

シロ、シロと、せなかをなでていると、

「シロ、南にいかなきゃ……」

と、和子《かずこ》が、うしろからのぞきました。和子も、けさのしもをみて、とんできたのでした。

「ひとりぼっちね。いけるかしら」

「………」

清三はたちあがりました。二人は、しものふかい道をだまってあるいていきました。木立のかげがむらさき色をしています。清三は、ときどき、シロに、「ハーッ」と、息をかけてやりました。

「やい、シロ、南にいくんだぞ。な、また、こいや。きっとだぞ」

がけのはしにでると、朝日は、田んぼをこえて、むこうの新道のさきまで、あかがね色にそめてお

1 シロが南にいかなければならないほど寒くなっていることは、文章のどんなところから分かりますか。（一つ15点）

・けさ、（　　　）がおりていたこと。

・清三がシロに、「ハーッ」と（　　　）やったこと。

・シロが飛んでいった空が、はがね色の（　　　）空であったこと。

2 「ぼうきれをひろうと、……ふりまわしました」とありますが、清三は、なぜこのようなことをしたのですか。合うものを一つ選《えら》んで、○をつけましょう。（10点）

ア（　）シロとはなれるつらさをまぎらわすため。

おうよう ★★★

点

りました。

「さ、いけ」

清三は、シロをなげあげました。

バサッと、うまく羽をひろげたシロは、一度ゆるくわをかくと清三のあしもとに、ひっそりおりてきました。

「ばかだなあ、いくんだったら」

清三は、もう一度、だきあげて、もっと高くなげました。

そして、次になにを思ったのか、ぼうきれをひろうと、わけのわからないことを、わあわあさけびながら、むやみにふりまわしました。

シロは、おりることができず、「クワーッ、クワーッ」と、かなしそうな声をだしました。

「シロのばかあ……シロのばかあ……」

シロはそれでも、二、三回ちかよってきましたが、清三は、そのたびにぼうでおったり、石をひろってなげつけたりするので、とうとう、あきらめていってしまいました。

はがね色のつめたそうな空のなかに、サギのすがたはだんだん小さくなり、そして、とうとうすいこまれてしまいました。


（岩崎京子《いわさききょうこ》「サギ」『日本の名作童話7「かもの卵《たまご》」』岩崎書店《いわさきしょてん》）


イ（　）南へいくシロを元気づけるため。

ウ（　）シロがもどってこないようにするため。

3 清三の行動に対するシロの行動をとらえ、文章のあらすじを表にまとめましょう。合う内ようを後から選び、記号で答えましょう。（一つ15点）

清三の行動	シロの行動
シロは南へいかなければならないと考え、がけのはしからシロをなげあげた。	（　）
もっと高くシロをなげ、わあわあさけびながら、ぼうきれをふりまわした。	（　）
シロがちかよるたびに、ぼうでおったり、石をなげつけたりした。	（　）

ア　あきらめていってしまい、見えなくなった。
イ　清三のあしもとにおりてきた。
ウ　おりることができず、かなしそうに鳴いた。

全体をつかむ—あらすじ

点

◆次の文章を読んで答えましょう。

つぼみさんの旅館に、毎朝とれたてのダイコンをもってきて、ダイコンづくしの料理《りょうり》を作るなど、手つだっていたむすめが、手つだいをやめることになった。

「畑のダイコンが、いま、ちょうど、とりごろなんです。父さんひとりじゃたいへんだから、手つだわないと。ダイコン、しゅうかくがおくれると、すがはいってしまうんです。そしたら、ダイコンの、①まほうのききめが、なくなってしまいますから。」

「まほうのききめって？」

つぼみさんが、おもわず身をのりだすと、むすめは、こっそりといいました。

「耳がよくなるまほうです。」

「ええっ！」

つぼみさんは、大きくうなずきました。

（ああ、だから、お客さんもわたしも、きゅうに耳がよくなったんだ。）

（中りゃく）

1 ①「まほうのききめ」とありますが、どんなききめがあるのでしょう。（25点）

（　　　　）というききめ。

2 ②「そういうこと」とは、どういうことですか。合うものを一つ選《えら》んで、○をつけましょう。（25点）

ア（　）むすめには本当に父さんがいたということ。

イ（　）むすめの正体はウサギだったということ。

ウ（　）畑をあらしていたのはウサギだったということ。

3 文章のあらすじをまとめます。（　）に合う内ようを書きましょう。（25点）

「じゃあ、ひきとめるわけにはいかないわねえ。これ、すこしだけど。」

つぼみさんが、これまでのお給料《きゅうりょう》の袋《ふくろ》をわたそうとすると、むすめは、それを両手でおしかえしました。

「畑をかりているお礼です。これからも、ずっと、かしてくださいね。」

それから、むすめは、おじぎをすると、にげるように、帰っていきました。

翌日《よくじつ》、つぼみさんは、町にでかけて、むすめのために、花がらのエプロンを買うと、それをもって、山の畑にでかけました。

（ここにくるの、何年ぶりかしら。エプロン、気にいってくれるといいけど……。）

畑について、つぼみさんの目に、まっさきにとびこんできたのは、二ひきのウサギでした。

（たいへん、ウサギが、畑をあらしてるわ！）

でも、すぐに、つぼみさんは、そうではないことに気がつきました。二ひきは、ダイコンをぬいているところだったのです。

②（そういうことだったの……。）

（茂市久美子《もいちくみこ》『ゆうすげ村の小さな旅館』講談社《こうだんしゃ》）

つぼみさんを手つだっていたむすめが、ダイコンのしゅうかくのために手つだいをやめることになり、ダイコンのまほうのききめについて、つぼみさんに教えてくれた。翌日、つぼみさんは、むすめにエプロンを買って、山の畑にでかけた。

（　　　　　　）

4 この文章であなたがおもしろいと思ったのは、どんなところですか。理由も書きましょう。（25点）

表げん力

（　　　　　　）

ダイコンにまほうのききめがあったことや、むすめの正体など、ふしぎなことがいろいろ起こるお話だったね。

文章の全体をつかむ―事実と考え

きほん ★★★

点

◆次の文章を読んで答えましょう。

こんな人でありたいって思うことはないかな。

□、こまっている人がいたら手をさしのべられるような、やさしい人でありたい、とかだ。同じように、こんな国でありたいっていう宣言《せんげん》が、その国の「憲法《けんぽう》」ということになる。それは世界中の国に対する約束《やくそく》ごとで、日本の場合は今の憲法で「ぜったいに戦争《せんそう》はしません」ということを決めている。そして同時に、その国に住んでいるすべての人に対しても、「みんなが健康《けんこう》で幸せな生活を送れるようにします」と、国がやるべきことを約束している。

（中りゃく）

そして、自分たちが作った憲法は、自分たちで守っていくことがたいせつだ。憲法を守るということは、自分たち自身を守ることにもつながる。ただしもちろん、単《たん》に守るだけではダメ。みんな一人ひとりが「どうしたいのか」を自分自身に問いかける

段落《だんらく》ごとの内ように注目して、事実と筆者の考えを分けてとらえましょう。

1 □に合う言葉を一つ選《えら》んで、○をつけましょう。（20点）

ア（　）でも

イ（　）ただし

ウ（　）たとえば

2 筆者は、憲法はどういうものだとのべていますか。（20点）

□□□□□□□□という宣言。

ことが必要《ひつよう》だよね。これって、学校のクラスでも似《に》たようなことがあるよ。

先ぱいたちがいろいろ考えたすえに作った学級ルールを、こんな古くさいルールはいらない、と思うかもしれない。そうしてだんだん、ほんとうは「自分たち」が作ったことを忘《わす》れて大事にしなくなり、その結果《けっか》、みんなだれも守らなくなる。そうなるとどうなるか。たとえば、そうじ当番をだれもしなくなるとクラスはよごれ、結局は自分たちがいやな思いをすることになる。

同じことは国でも起こるんだ。みんなが憲法をないがしろにすると、国も「やらなくてはいけないこと」をサボるようになり、結局はぼくたち自身がどんどんこまるような事態《じたい》が生まれがちだ。だからこそ、憲法で何が守られているかをみんなでじっくり考え、憲法によって実現《じつげん》している一人ひとりの自由や権利《けんり》が、さびつかないようにたいせつにしていきたいね。

（山田健太《やまだけんた》「憲法は、国民と世界に対する約束ごと。」・『続《ぞく》・10歳《さい》の質問箱《しつもんばこ》 なやみちゃん、絶体絶命《ぜったいぜつめい》！』小学館）

3 筆者は、「学校のクラス」を例《れい》にあげて、どのようなことを説明《せつめい》していますか。（一つ15点）

そうじ当番をだれもしなくなるとクラスがよごれるように、□□□を大事にしないと、自分自身が□□□ような事態が生まれることになるということ。

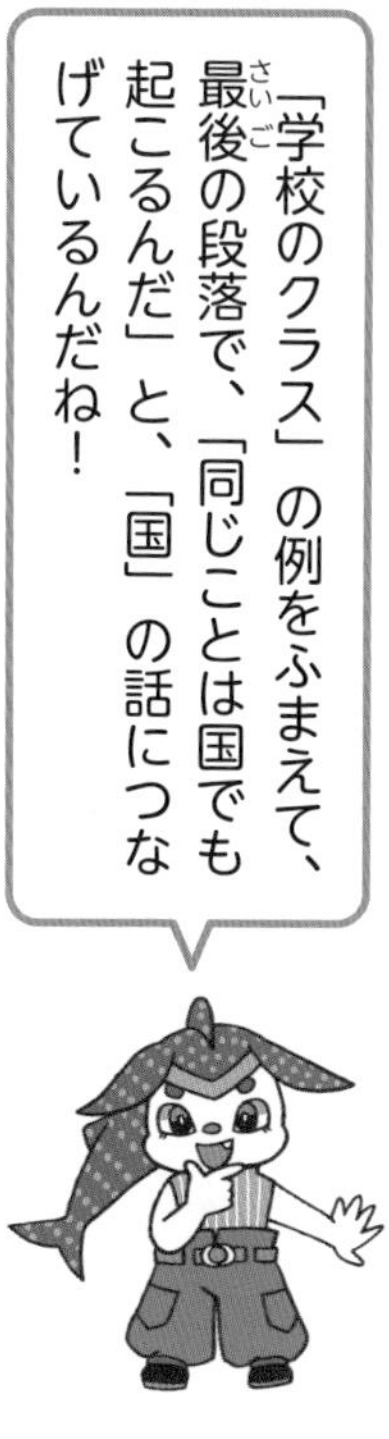
「学校のクラス」の例をふまえて、最後《さいご》の段落で、「同じことは国でも起こるんだ」と、「国」の話につなげているんだね！

4 筆者は、どのような考えをのべていますか。（一つ10点）

憲法についてじっくり□□、一人ひとりの□□や（　　）が守られるように、たいせつにしていく必要がある。

文章の全体をつかむ──事実と考え

練習 ★★★

点

◆ 次の文章を読んで答えましょう。

1 東京オリンピック（一九六四年）のころから、日本は*1 ①高度経済成長期《こうどけいざいせいちょうき》に入りました。人びとは、エアコンや広いふろ場を備《そな》えた、りっぱな家に住めるようになりました。しだいに、電気をたくさん消費《しょうひ》するような家づくりがおこなわれるようになりました。

2 市街地《しがいち》の再開発《さいかいはつ》も進み、ちょうど車が*2モデルチェンジをするように、家もつぎからつぎへと、間取りや外観《がいかん》の新しいモデルが世にだされ、人びとは新しいものを求《もと》めて建《た》てかえました。いたんでこわすのではなく、再開発や持ち主の都合などによって建てかえられることが多かったのです。

3 日本じゅうで建てかえる件数《けんすう》がふえたために、家が建っている期間は、第二次世界大戦前《だいにじせかいたいせんまえ》よりずいぶん短くなりました。この時期平均《へいきん》すると、一戸建て住宅《じゅうたく》は約《やく》二十四年でした。②これは、イ

1 (1) ①「高度経済成長期」について答えましょう。

日本では、どのような家づくりがおこなわれるようになりましたか。（15点）

（　　　　　　）ような家づくり。

(2) 家が建てかえられた理由として多かったのはどのようなことですか。「など。」に続《つづ》くように、書きぬきましょう。（15点）

（　　　　　　）など。

2 ②「これ」はどんなことを指していますか。（15点）

高度経済成長期の日本で、一戸建て住宅が建っている期間が、約（　　　　）だったこと。

ギリスの約百五十年、アメリカの七、八十年にくらべて、とても短いです。

[4] 建ててはこわしをくり返していては、資源《しげん》の＊3ろう費をつづけ、はいき物を大量《たいりょう》にだしつづける、といわれてもしかたがありません。石油や電気などのエネルギーを大量に消費するような家づくりをしていては、地球《ちきゅう》かん境《きょう》のお染《せん》が進みます。

[5] 家を建てるために山を切り開き、資源を大量ろう費することは、地球かん境を破《は》かいするこういです。結局《けっきょく》は私《わたし》たちの暮《く》らしを破かいすることにつながります。地球かん境の保全《ほぜん》は、人類《じんるい》に課《か》せられた大きな宿題です。

[6] 建ててはこわしをくり返すことは、けっして許《ゆる》されるものではありません。かん境を考りょした、長持ちする家をつくることが大切です。

（樫野紀元《かしののりもと》『建築家《けんちくか》になろう――家が町や都市をつくる――』国土社）

＊1　高度経済成長期…日本の経済が急速に成長した、一九五五年ごろから一九七三年ごろ。
＊2　モデルチェンジ…改良《かいりょう》して新しい商品とすること。
＊3　ろう費…むだに使うこと。

3 [1]～[3]の段落《だんらく》には、「事実」と「考え」のどちらが書かれていますか。合うほうを選《えら》んで、○をつけましょう。（15点）

ア（　）事実　　イ（　）考え

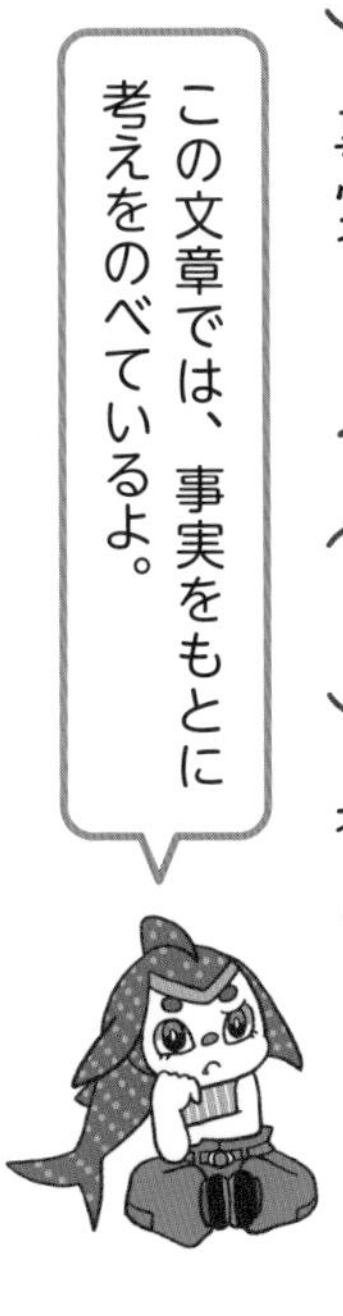
この文章では、事実をもとに考えをのべているよ。

4 筆者は、家を建ててはこわしをくり返すことが、どんなことにつながるとのべていますか。（一つ10点）

〔　　　　〕を破かいするこういであり、結局は〔　　　　〕を破かいすることにつながる。

5 筆者は、家をつくることについて、どんなことが大切だと考えていますか。（20点）

〔　　　　〕

文章の全体をつかむ―事実と考え へ

おうよう ★★★

点

◆次の文章を読んで答えましょう。

人間の社会には仕事はいろいろいくらでもあって、どんな仕事を選《えら》ぶこともできます。

でも、ときどき「仕事はしなくちゃいけないんですか？」と質問《しつもん》を受けることがあります。「仕事」というと、つらくて苦しいものというイメージを持つ人もいるみたいです。

ぼくがここで「仕事」と言ったのは、人間社会の役割分担《やくわりぶんたん》のことです。

社会にこうけん*1しようと思えば、社会の中で何らかの役割を担当する必要《ひつよう》があります。それを「仕事」と表現《ひょうげん》しました。

ですから、いわゆる「仕事」をしていなくても、きちんと「役割」を担当している人もいます。

例《たと》えば、「学生は勉強するのが仕事」という言葉があります。

これは本当です。だから小学生も中学生も高校生も、きちんと勉強していれば、社会の中での「役

1 この文章は、何について書かれていますか。（20点）

［　　］［　　］とはどのようなものかについて。

2 ――の例として説明《せつめい》されていることを、表にまとめましょう。（一つ10点）

	役割
学生	きちんと（　　）すること。
おじいちゃん・おばあちゃん	子どもや孫に（　　）を伝えること。 子どもや孫をかわいがることで（　　）をすること。

割」を引き受けていることになります。

それから、年を取って「仕事」を辞《や》めたおじいちゃん、おばあちゃんも、社会の中での役割を引き受けるという意味では、きちんと「仕事」をしています。おじいちゃんやおばあちゃんの仕事は、子どもや孫《まご》に知識《ちしき》や経験《けいけん》を伝《つた》えること、あるいはかわいがることで心のケアをすることです。

そう考えれば、いわゆる「仕事」についていない人たちも、きちんと社会の中での「役割」を引き受けて、仕事をしていることになります。

□、きみのやりたいことが、「仕事」っぽいものでなくても、ぜんぜんかまいません。

世界を旅するフリーター*2でも、国際《こくさい》こうけんのボランティアでも、ミュージシャンでも、アーティストでも、それがやりたいのであれば、何でもやってみてください。

全力でやり続《つづ》けていれば、いつか自分の居場所《いばしょ》が見つかって、それが「仕事」になるはずです。

（大坪信之《おおつぼのぶゆき》『なぜきみは生きるのか　10歳《さい》からの人生哲学《てつがく》』幻冬舎《げんとうしゃ》メディアコンサルティング）

*1　こうけん…何かのために力をつくして、役に立つこと。
*2　フリーター…決まった仕事を持たずに、アルバイトなどで生活している人。

3　□に合う言葉を一つ選んで、〇をつけましょう。（15点）

ア（　）だから
イ（　）しかし
ウ（　）または

4　筆者はどのような考えをのべていますか。（一つ10点）

自分のやりたいことを全力で（　　　）いれば、それが、社会に□□□□する「仕事」になる。

5　あなたが今やりたいと思っていることは、どんなことですか。自由に考えて書きましょう。（15点）

表げん力

（　　　）

36
説明文《せつめいぶん》

文章の全体をつかむ―要約《ようやく》する

きほん ★★★

点

話題や、段落《だんらく》の中心となる文、くり返し出てくる言葉に注目して、文章全体の内ようをつかみましょう。

◆次の文章を読んで答えましょう。

[1] ひらがなもカタカナも、九～十世紀《せいき》ごろにできた文字です。カタカナは、どちらかというとカタいまじめな文字だというので男性《だんせい》に好《この》まれ、ひらがなはやわらかくて遊び心のある文字だというので女性に好《す》かれました。

[2] カタカナのもとになっているのは漢字です。たとえば「イ」は、「伊」という漢字の左側《ひだりがわ》の部分を使ってつくられました。また「ウ」は、「宇」という漢字の上の部分を使ってつくられました。このように、カタカナは漢字の部分をもとにして、つくられたのです。

（中りゃく）

[3] ひらがなやカタカナができる前は、国の歴《れき》史《し》を記録《きろく》するときなどは、漢文で書くのがふつうでした。ところが、カタカナが登場すると、たとえば「説《と》ク」「出《で》ル」のように漢字とまぜて書くようになり、文章はどんどん読みやすく、

1 この文章は、何について書かれていますか。（一つ10点）

〔　　　〕と〔　　　〕について。

2 [2]～[6]の段落の内ようを、表にまとめましょう。（一つ10点）

	カタカナ
つくられ方	漢字の①〔　　〕をもとにしてつくられた。
使われ方	男性の②〔　　〕や、③〔　　〕などで使われた。

書きやすくなっていきました。

4　やがてこの漢字とカタカナのまじった「漢字カタカナまじり文」は、役所などで使われるようになります。漢文を少し日本式にした漢字カタカナまじり文は、教養《きょうよう》のある男性に人気があり、多くの男性がこの書き方で日記をつけるようになりました。ただし、その場合の中心になる文字は、あくまでも漢字です。カタカナは、漢字だけだと読みにくいときや書きにくいときに、文章をわかりやすくするために使われたのです。

5　もうひとつの文字、ひらがなも、やはり漢字をもとにしているのですが、こちらは漢字の全体をくずして文字にしたものです。（中りゃく）

6　カタカナがおもに役所などで使われたのに対して、ひらがなは、はじめ和歌の世界で使われるようになりました。（中りゃく）和歌は最初《さいしょ》のころ、すべて「万葉仮名《まんようがな》」、つまり漢字だけで書かれていました。それを速く書いたり美しく書いてみせたりしているうちに、漢字の形をくずして書くことがはじまり、ひらがなになっていったのです。

（金田一秀穂《きんだいちひでほ》かん修《しゅう》『日本のもと　日本語』講談社《こうだんしゃ》）

ひらがな
漢字の ④□ をくずして文字にした。
はじめは ⑤□ の世界で使われた。

3　次の文は、上の文章を要約《ようやく》したものです。□に合う言葉を後から選《えら》んで、記号で答えましょう。（一つ10点）

ひらがなとカタカナはどちらも (1) をもとにしてつくられたが、(2) や (3) はちがっていた。

ア　万葉仮名　イ　使われ方　ウ　漢字
エ　つくられ方　オ　できた時代

(1)（　　）
(2)（　　）
(3)（　　）

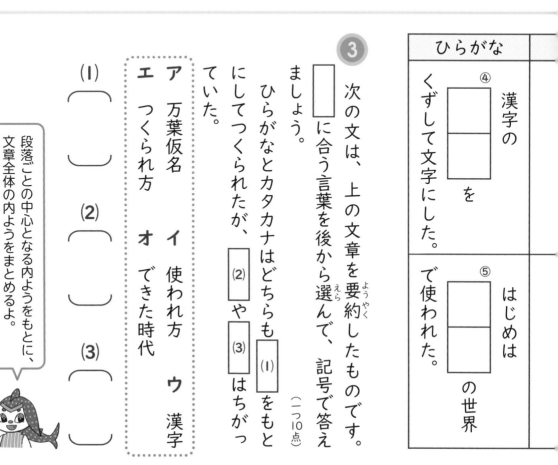

文章の全体をつかむ――要約《ようやく》する

練習 ★★★

点

◆次の文章を読んで答えましょう。

発光生物の光の色は、青、緑、黄緑、黄、オレンジと、さまざまです。

赤色に光る生き物は、南アメリカのホタルに近いなかまや、オオクチホシエソという深海魚の一種《いっしゅ》などが、わずかに知られています。

発光生物を見て「白っぽく光っていた」という人がよくいますが、白く光る発光生物はいません。光が弱いとその色がわかりにくくて、白っぽく感じられるのです。実際《じっさい》、写真にとると白ではなく、青か緑に光っていることがわかります。

①海の中の発光生物のほとんどは、青色に光ります。それは、なぜだと思いますか？

太陽の光には青・緑・黄・赤のすべての色がまざっていますが、光の性質《せいしつ》で、海の深いところまで届《とど》くのは青色の光だけです。そのため、海の生き物の多くは青色しか見ることができま

1 この文章は、何について書かれていますか。（10点）

□□□□□□□□について。

2 ①――とありますが、それはなぜですか。（10点）

まわりのなかまや敵に見てもらうには、海の（　　　）まで届く青色の光がよいため。

3 □に合う言葉を一つ選《えら》んで、○をつけましょう。（10点）

ア（　）そのため
イ（　）いっぽう
ウ（　）それとも

せん。だから、まわりのなかまや敵《てき》に光を見てもらおうとしたら、青色に光るのがよいわけですね。

□、②陸上《りくじょう》の発光生物の多くは、緑色に光ります。海の中とちがい、青色に光る種類《しゅるい》はあまりいないのです。どうしてだと思いますか？

じつは、その理由はまだはっきりとわかっていません。でもわたしは、次の説《せつ》が有力だと思います。太陽から地面に届く光の中で、もっとも強い色は緑色です。だから、陸上の生き物の多くは、緑色の光がいちばんよく見えるような目をもっています。わたしたちの目も、緑色の光がいちばんよく見えているのですよ。それで、暗やみの中でなかまや敵に自分の光を見てもらおうとしたら、緑色に光るのがもっとも＊効率《こうりつ》がよいということになるのです。

（大場《おおば》裕一《ゆういち》『ホタルの光は、なぞだらけ』くもん出版《しゅっぱん》）

＊効率がよい…むだがない。

4 ②――とありますが、筆者は、これはなぜだと考えていますか。（一つ10点）

暗やみの中でなかまや敵に見てもらうために、太陽から地面に届く光の中で［　　］で、いちばんよく見える緑色に光るのが、［　　］から。

5 次の文章は、上の文章を要約《ようやく》したものです。□に合う言葉を、それぞれ漢字一字で答えましょう。（一つ10点）

発光生物のうち、(1)色に光るものはわずかである。光が弱いものは(2)く見える。海の中には(3)色に光るものが多く、陸上には(4)色に光るものが多いが、これは(5)の性質によると考えられる。

(1) □
(2) □
(3) □
(4) □
(5) □

38 説明文《せつめいぶん》

文章の全体をつかむ―要約《ようやく》する

練習 ★★★

◆次の文章を読んで答えましょう。

1 カントウタンポポはもともと日本に生えているタンポポです。その花には、チョウやミツバチ、ハナアブなどが訪《おとず》れます。ミツバチやハナアブの仲間《なかま》は、花の上で黄色い花粉《かふん》にまみれています。花の上はこん虫たちでにぎわい、その様子はどこかおだやかです。しかし、このにぎわいは、タンポポとこん虫、それぞれにとって生きるための営《いとな》みそのもの。意外にも、ビジネスの「①取り引き」にたとえられることさえあるのです。どうして取り引きなのでしょうか？

2 タンポポの花には、みつや花粉があります。そのみつや花粉は、こん虫たちにとって大切なエサになります。②そのエサを求《もと》めて、こん虫たちはタンポポに集まってくるのです。目の前のタンポポの花でせかせかと動き回っていたミツバチに注目してみましょう。しばらくすると、

1 この文章の話題がしめされている段落《だんらく》の番号《ばんごう》を書きましょう。（15点）

〔　　〕

2 カントウタンポポには、どんなこん虫が集まってきますか。十五字で書きぬきましょう。（15点）

□□□□□□□□□□□□□□□

3 ①「取り引き」とありますが、どのような「取り引き」ですか。（一つ15点）

タンポポ	ミツバチに〔　　　〕を運んでもらい受粉する。

⇔取り引き

点

向こうにさいているタンポポの花へと飛《と》び立《た》っていきました。タンポポからタンポポへと、ミツバチの小旅行は続《つづ》きます。

3 タンポポはミツバチたちにエサを提供《ていきょう》するかわりに、花粉を運んでもらいます。エサを求めて動き回るミツバチ。次は、どの花に行くのでしょうか？　もし、行き先がタンポポなら、そのミツバチの体についた花粉は、次のタンポポへ運ばれていきます。ミツバチたちの体にくっついて運ばれてきた花粉で、タンポポは受粉します。そして、やがて種子《しゅし》がつくられます。つまり、タンポポはミツバチにエサを提供することで、結果《けっか》として種子を実らせることができるというわけです。

4 タンポポはミツバチを利用《りよう》し、ミツバチもタンポポを利用しています。両者はたがいにたすけあっているわけではないので、「取り引き」にたとえられることがあるのです。

（保谷彰彦《ほやあきひこ》『わたしのタンポポ研究』さ・え・ら書房《しょぼう》）

ミツバチ	タンポポに（　　　　）を提供してもらう。

4 ②「そのエサ」とありますが、何を指していますか。（20点）

（　　　　　　　　）

5 この文章の要約《ようやく》として合うものを、一つ選《えら》んで、○をつけましょう。（20点）

ア（　）生きるためにたがいに利用しあっているという点で、タンポポとミツバチは「取り引き」しているといえる。

イ（　）生きるためにたがいにたすけあっているという点で、タンポポとミツバチは「取り引き」しているといえる。

ウ（　）生きるためにたがいにさけあっているという点で、タンポポとミツバチは「取り引き」しているといえる。

文章の全体をつかむ―要約《ようやく》する

おうよう ★★★

点

◆次の文章を読んで答えましょう。

これから先の、未来《みらい》の社会を表す言葉として、「持続可能《じぞくかのう》な社会」あるいは「社会の持続可能性《じぞくかのうせい》」という言葉が、最近《さいきん》よく使われるようになってきました。「持続可能」とは、簡単《かんたん》にいうといつまでも今の状態《じょうたい》を続《つづ》けていくことができるという意味です。

今の社会が「持続可能ではない」といわれるのは、エネルギーの問題から考えていくと、「化石燃料《かせきねんりょう》がいつかはなくなってしまう可能性がある」「かく燃料を使うことにはとても大きな危険《きけん》がある」といった理由があります。化石燃料を使うことによる地球温暖化《ちきゅうおんだんか》や、大気《たいき》お染《せん》などのかん境問題《きょうもんだい》も、もちろん関係《かんけい》してきます。

（中りゃく）

では、わたしたちの社会を「持続可能である」状態に変《か》えていくには、どうしたらよいのでしょうか？

その一つの大きな選《せん》たくしが、*1再生可能《さいせいかのう》エネルギーを使うということです。半永久的《はんえいきゅうてき》に資源《しげん》を利用《りよう》す

1 「今の社会が『持続可能ではない』といわれる」について答えましょう。

(1) 「持続可能」とはどういう意味ですか。（10点）

［　　　　］

(2) 今の社会は、どのような点で「持続可能ではない」と筆者はのべていますか。（一つ15点）

いつかはなくなってしまう可能性がある［　　　　］や、大きな危険がある［　　　　］を使用している点。

2 再生可能エネルギーには、どのような特ちょうがありますか。（一つ15点）

ることができ、しっかりと管理《かんり》することで自然《しぜん》かん境《きょう》への負担《ふたん》を低《ひく》くし、かん境をお染する物質《ぶっしつ》もほとんど出さなくてすみます。こういった特《とく》ちょうを持つ再生可能エネルギーであれば、今のような社会を続けていくことができ、そしてさらに発展《はってん》させていくことができるかもしれません。

▲再生可能エネルギーの例《れい》

化石燃料でも、省《しょう》エネをしっかりとやっていけば、あと五〇年から一〇〇年くらいは使い続けることができると考えられます。しかし、これまでのわたしたち人類《じんるい》の歴史《れきし》は、*2石器《せっき》時代から二六〇万年、農耕《のうこう》を始めてから一万二〇〇〇年という、とても長い間続いてきました。

さらにこの先の未来で、一〇〇〇年、一万年とわたしたち人類の社会を残《のこ》していくためには、これまで一万二〇〇〇年にわたって使い続けてきた、自然のめぐみからのエネルギーにたよっていくことが大切なのではないでしょうか。

（馬上丈司《まがみたけし》『知ろう！　再生可能エネルギー』少年写真新聞社）

*1　再生可能エネルギー…太陽光や風力など、自然界につねにそんざいするエネルギー。

*2　石器時代…人類が石器を使って生活していた時代。

・〔　　　　〕に資源を利用することができる。

・管理することで、〔　　　　〕への負担を低くすることができる。

3　この文章を要約《ようやく》します。「持続可能」という言葉を使って、五十字以内《いない》で書きましょう。（30点）

文章の全体をつかむ—要約《ようやく》する

おうよう ★★★

点

◆次の文章を読んで答えましょう。

にっぽんには、春夏秋冬、四《し》季《き》それぞれの美しさがあるのは知っているよね。にっぽん人はむかしから、①それを大切に味わい、楽しむ心を持っているんだ。

季節《きせつ》ごとにおいしいものがあって、感謝《かんしゃ》しながら大喜《おおよろこ》びで食べるのも、にっぽん人の心そのもの。

季節を味わう心は、物語や絵画などさまざまな文化も生み出してきたよ。建物《たてもの》の設計《せっけい》や衣服《いふく》にも、季節を取り入れた美しいものがたくさん作られた。庭のもみじを見るため、窓《まど》に工夫《くふう》をこらしたおうちもあるし、季節の花模様《はなもよう》の美しい着物もたくさんあるよね。

とくに、にっぽん独特《どくとく》の「俳句《はいく》」は、「HAIKU」と呼《よ》ばれて、いまや世界的《せかいてき》に知られる十七音の短い詩だけれど、俳句はこれ、季節を無視《むし》しては作れない。俳句には「□」という、

1 ①「それ」とは何を指していますか。(15点)

（　　　　）

2 □に合う言葉を、文章から漢字二字でさがして書きぬきましょう。(15点)

□□

3 ②「人々の暮らしもまた自然とともにある」と言えるのはなぜですか。(20点)

農事や漁労や、ほかの仕事や用事も、

（　　　　）から。

季節をあらわす言葉を必《かなら》ず使わなければならないんだ。季語がはいっていないと、いくら五七五の十七文字で表現《ひょうげん》したとしても俳句とは見なされない。季節をよんで、初《はじ》めて俳句になるんだね。俳句を作るための季語の解説書《かいせつしょ》を「俳諧《はいかい》歳時記《さいじき》」と呼ぶよ。

同じ歳時記でも、俳諧用ではなく一ぱん的なものは、季節による自然《しぜん》の特《とく》ちょうや人々のするもよおし、祭事、暮《く》らしの用事などが記されている。

②人々の暮らしもまた自然とともにあるんだ。農事や漁労《ぎょろう》や、たいていのほかの仕事や用事も、自然との関《かか》わり合《あ》いで成《な》り立《た》っているよ。季節によって毎年同じ時期に、豊作《ほうさく》、豊漁《ほうりょう》をいのるお祭りが行われ、また収《しゅう》かくのお礼のお祭りもにぎやかにもよおされる。

（中りゃく）

こうして生きていく、一人ひとりの日々の暮らしに、にっぽんの歳時記は寄《よ》りそっているんだ。

（平野恵理子《ひらのえりこ》『にっぽんの歳時記ずかん』幻冬舎《げんとうしゃ》）

* 俳諧…江戸《えど》時代に広まり、のちの俳句のもとになったもの。

4 この文章を要約《ようやく》した次の文の□に合う言葉を、文章中の言葉を使って書きましょう。ただし、(2)は「自然」という言葉を使うこと。（一つ15点）

にっぽん人には (1) があり、 (2) に、歳時記は寄りそっている。

(1)

(2)

5 表げん力

あなたが好《す》きな季節を春・夏・秋・冬のうちから一つ選《えら》んで、どんなところが好きなのか、具体的に書きましょう。（20点）

言葉を味わう

◆ 次の文章を読んで答えましょう。

①ほかの人のために自分の時間をつかうということは、自分の時間がうばわれて、損《そん》をすることではないのです。それどころか、ほかのことでは味わえない特別《とくべつ》な喜《よろこ》びで心がいっぱいに満《み》たされるのです。こんなに大きなお返しをもらえることなんて、めったにありません。

わたしが自分の時間をほかの人のためにつかうことに努力《どりょく》している理由が、これできみにもわかったでしょう。わたしはとびきり大きな喜びをもらうことに、とても欲《よく》ばりだというわけなのです。

ふつうは欲ばりというのは人からいやがられるものですが、この欲ばりだけは、

「ありがとう!!」

と感謝《かんしゃ》までされてしまいます。これほどなりがいのある欲ばりは、ほかにはないでしょう。だから、わたしはきみにも、②ぜひそうなってみる

筆者の体験《たいけん》や事実に注目して、筆者の思いをとらえましょう。

1 ①「ほかの人のために自分の時間をつかう」ことについて、筆者はどう考えていますか。合うものを二つ選《えら》んで、○をつけましょう。（一つ20点）

ア（　）自分の時間がうばわれ、いそがしくなる。

イ（　）ほかのことでは味わえない特別な喜びを感じることができる。

ウ（　）自分の時間がなくなり、損をすることではない。

エ（　）大きなお返しをしなければならない。

ことをおすすめします。
　ほかの人の喜びをいっしょに喜べば、その喜びは二倍になるといわれます。ほかの人の悲しみをいっしょに悲しめば、その悲しみは半分になるといいます。これはドイツに古くから伝《つた》わることわざだそうです。そうやって、人と人とが思いやりをもってはげましあい、支《ささ》えあっていくことが、人生のなかでじつはいちばんすてきなことなのです。

　人間ってすごいものだなあとわたしが心から思うことは、人間には思いやりの心というものがあって、見も知らない人のためにも自分の時間をつかえるというところなのです。そんなことは動物にはできません。人間だけにできることです。そう考えると、きみもわたしも人間に生まれてきてよかったですね。だから、人間であることを味わいつくさなきゃ、それこそ損だと思いますよ。

（日野《ひの》原重明《はらしげあき》『十歳《じゅっさい》のきみへ』冨山房《ふざんぼう》インターナショナル）

2 ②「ぜひそうなってみることをおすすめします」と筆者が言っているのは、なぜですか。（一つ20点）

ほかの人のために自分の時間をつかうことで、

（　　　　）をもらえたり、

（　　　　）までされたりするから。

3 この文章をとおして、筆者はどのようなことを言おうとしているのですか。合うものを一つ選んで、○をつけましょう。（20点）

ア（　）動物にはできない楽しいことを見つけて実行していこうということ。

イ（　）人間だけにできる思いやりの心で、はげましあい、支えあっていこうということ。

ウ（　）自分の時間を大切にして、人間らしい生き方をしていこうということ。

言葉を味わう

◆次の文章を読んで答えましょう。

しん士《し》は犬に言った。

「お客さんがみえるからね」

すると犬は、自室に引きとって、自分のベッドで丸くなった。

しん士は白い歯を見せて笑《わら》った。

「ね、分かるでしょう。日常《にちじょう》生活のことだったら、まず過不足《かふそく》なく話し合えるのです。①犬は、人間の言葉が分かります」

犬との関係《かんけい》を非常《ひじょう》にうまく保《たも》っている愛犬家《あいけんか》の中には、このような人が結構《けっこう》たくさんいるものだ。

〝話せば分かる〟

そう信《しん》じているのである。

説明《せつめい》のつき難《がた》いことが起きたりもする。ある昼下がり、私《わたし》はゾウの近くにいた。よく晴れた日で、南国のはげしい日の光がさんさんと降《ふ》り注《そそ》いでいた。私は河原《かわら》に座《すわ》っていて、ふと思いついてゾウに語りかけた。

練習 ★★★

1 ①「犬は、人間の言葉が分かります」とありますが、しん士は、どのようなことから、このように考えているのですか。（一つ20点）

犬に、（　　　）が来ると言ったら、（　　　）にもどったこと。

しん士と犬との間で、どんなことがあったのかに注目しよう。

2 ②「事実」とありますが、その内ようが書かれている部分を文章からさがし、初《はじ》めと終わりの五字をそれぞれ書きぬきましょう。（全部できて20点）

□□□□□ ～ □□□□□

点

「おうい、暑いよ。誰《だれ》かここにきて、日かげをつくってくれよ」

するとと、一番親しかったゾウがやってきて太陽をさえぎってくれた。

「エ！　本当！　マジ？」

これにはびっくりした。

次の日、同じ注文を出した。同じことが起こってしまった。

ちょっと超能力《ちょうのうりょく》じみていて、こうやって話すのが恥《は》ずかしいくらいだ。

しかし、②事実は事実だ。動物といっしょに生活していると、③こういう経験《けいけん》を何度もし、やがて、動物と話が出来ると信じるようになってくる。

そのような人たちは、たぶん、話し合えているのだと思う。でも、だからと言って、

「君、となりの部屋から置《お》き時計《どけい》を持ってきて」

と、いきなり犬に告《つ》げ、犬がそれを理解《りかい》することはないだろう。共有《きょうゆう》している時間のこさの中で、ある時ふっと、複雑《ふくざつ》な会話が成立《せいりつ》するのである。

（畑《はた》正憲《まさのり》『話せば分かる』ってホント？」『ああ、犬よ！　作家と犬をめぐる28話』キノブックス）

3 ③「こういう経験」とは、どのような経験ですか。（20点）

自分の言ったことが、〔　　　　〕に通じたと思えるような経験。

4 この文章をとおして、筆者はどのようなことを言おうとしているのですか。合うものを一つ選《えら》んで、○をつけましょう。（20点）

ア（　）動物と心を通じ合わせようという思いがあれば、必《かなら》ず、会話ができるようになるということ。

イ（　）いっしょに親しく時間をすごすうちに、動物との間でもこみいった会話ができることがあるということ。

ウ（　）動物と生活する時間が長ければ長いほど、動物は人間の言葉を理解できるようになるということ。

最後《さいご》のまとまりに注目して考えよう。

◆次の文章を読んで答えましょう。

私《わたし》は、人という文字を見るとき、しばしば感動する。ななめの画がたがいに支《ささ》え合《あ》って、構《こう》成《せい》されているのである。

そのことでも分かるように、人間は、①社会をつくって生きている。社会とは、支え合う仕組みということである。

原始時代の社会は小さかった。家族を中心とした社会だった。それがしだいに大きな社会になり、今は、国家と世界という社会をつくり、たがいに助け合いながら生きているのである。

自然物《しぜんぶつ》としての人間は、決してこりつして生きられるようにはつくられていない。

このため、助け合う、ということが、人間にとって、大きな道徳《どうとく》になっている。

助け合うという気持ちや行動のもとのもとは、いたわりという感情《かんじょう》である。

❶ 筆者は、①「社会」とはどのようなものだと考えていますか。（15点）

（　　　　　　）仕組み。

❷ ②「この三つの言葉」とは、どのような言葉ですか。（一つ15点）

・（　　　　　　）

・（　　　　　　）

・（　　　　　　）

点

他人の痛《いた》みを感じることと言ってもいい。

やさしさと、言いかえてもいい。

「いたわり」

「他人の痛みを感じること」

「やさしさ」

みな似《に》たような言葉である。

②この三つの言葉は、もともと一つの根から出ているのである。

根といっても、本能《ほんのう》ではない。だから、私たちは訓練《くんれん》をしてそれを身につけねばならないのである。

③その訓練とは、簡単《かんたん》なことである。例《たと》えば、友達《ともだち》がころぶ。ああ痛かったろうな、と感じる気持ちを、そのつど自分の中でつくりあげていきさえすればよい。

この根っこの感情が、自己《じこ》の中でしっかり根づいていけば、他民族《たみんぞく》へのいたわりという気持ちもわき出てくる。

君たちさえ、そういう自己をつくっていけば、二十一世紀《せいき》は人類《じんるい》が仲《なか》よしで暮《く》らせる時代になるのにちがいない。

（司馬遼太郎《しばりょうたろう》『二十一世紀に生きる君たちへ』司馬遼太郎記念館《きねんかん》）

3 ③「その訓練」の具体例《ぐたいれい》として、筆者は、どうすることをあげていますか。（一つ10点）

（　　　　）がころんだら、

（　　　　）だろうと感じる気持ちを、そのつど自分の中でつくりあげていくこと。

4 この文章をとおして、筆者はどのようなことを言おうとしているのですか。合うものを一つ選《えら》んで、○をつけましょう。（20点）

ア（　）他人へのやさしさを本能としてもてるようになれば、世界は平和になる。

イ（　）他人をいたわる感情を自己の中につくっていけば、人類は仲よく暮らせる。

ウ（　）家族を中心とした社会にもどることができれば、人類は仲よく暮らせる。

言葉を味わう

きほん ★★★

点

◆次のA・Bの詩を読んで答えましょう。

A

西瓜《すいか》の詩　山村暮鳥《やまむらぼちょう》

みんな
あつまれ
あつまれ
そしてぐるりと
輪《わ》を描《か》け
いま
真二つになる西瓜だ

言葉やリズムに注目して、作者の感動をとらえましょう。

1 Aの詩で、くり返されている言葉は何でしょう。詩からさがして、四字で書きましょう。（25点）

2 Aの詩の「いま／真二つになる西瓜だ」から、作者のどんな気持ちが分かりますか。合うほうを選《えら》んで、○をつけましょう。（25点）

ア（　）切った西瓜から、真《ま》っ赤《か》なあまい中身があらわれるのが楽しみだ。

イ（　）切った西瓜をみんなでどう分ければよいのか、心配だ。

B

冬が来た

高《たか》村《むら》光《こう》太《た》郎《ろう》

きっぱりと冬が来た
八つ手の白い花も消え
いちょうの木もほうきになった

きりきりともみこむような冬が来た
人にいやがられる冬
草木に背《そむ》かれ、虫類《むしるい》ににげられる冬が来た

冬よ
ぼくに来い、ぼくに来い
ぼくは冬の力、冬はぼくのえじきだ

しみとおれ、つきぬけ
火事を出せ、雪でうめろ
はもののような冬が来た

3 Bの詩の「きりきりともみこむような冬が来た……虫類ににげられる冬が来た」の部分で、作者はどのようなことを表そうとしていますか。後から選び、書きましょう。（25点）

冬の（　　　　　　　）。

つまらなさ　きびしさ　さびしさ

4 Bの詩の□の部分には、作者のどのような気持ちが表れていますか。合うものを一つ選んで、○をつけましょう。（25点）

ア（　）だれかにめいわくをかけたくないという、やさしい気持ち。

イ（　）自分だけがつらいめにあうのはどうしてだろうという、悲しい気持ち。

ウ（　）つらさからにげずに立ち向かっていこうという、強い気持ち。

言葉を味わう

きほん ★★★

点

◆次の[A]短歌・[B]俳句《はいく》を読んで答えましょう。

[A]

① 久方《ひさかた》の光のどけき春の日に
静心《しづこころ》なく花の散《ち》るらむ(ん)
紀友則《きのとものり》

(意味)日の光がうららかに照《て》る春ののどかな日に、なぜさくらの花は落ち着いた心もなく散っていくのだろう。

② 「寒いね」と話しかければ「寒いね」と
答える人のいるあたたかさ
俵万智《たわらまち》

(意味)「寒いね」と話しかけたときに、「寒いね」と同じように答えてくれる人がいると、とてもあたたかく感じられる。

うたわれているけしきや出来事や気持ちに注目して、作者の感動をとらえましょう。

1 ①の短歌の「静心なく花の散るらむ」には、作者のどのような気持ちが表れていますか。合うものを一つ選《えら》んで、○をつけましょう。(20点)

ア( )花の美しさに感動する気持ち。
イ( )花が散るのをおしむ気持ち。
ウ( )花が散るのが不思議《ふしぎ》だと思う気持ち。

2 ②の短歌から作者のひとりぼっちではないという安心感が伝《つた》わってきます。次の文の□に合う言葉を、短歌から書きぬきましょう。(20点)

ひとりぼっちではないと思える□。

□□□□□

B

③ 春の海ひねもすのたりのたりかな
与謝蕪村《よさぶそん》

（意味）春の海は、波が一日中、ゆっくりとうねっているようだ。

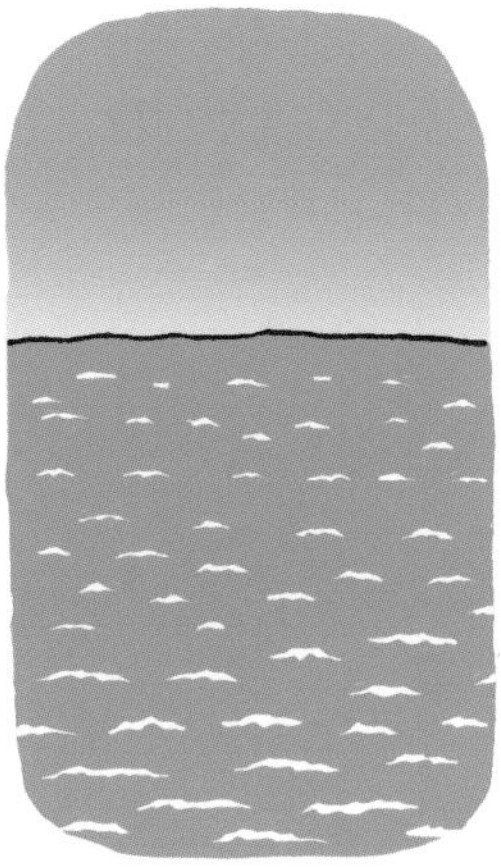

④ 大根《だいこ》引き大根で道を教えけり
小林一茶《こばやしいっさ》

（意味）畑で大根をぬいている人に道をたずねると、ぬいたばかりの大根で道を教えてくれた。

3 ③・④の俳句について答えましょう。

(1) ③・④の俳句は、いつの季節《きせつ》のものですか。それぞれ漢字一字で書きましょう。（一つ10点）

③〔　　〕　④〔　　〕

(2) ③の俳句の「のたりのたり」から、どんな様子が伝わってきますか。合うものを一つ選んで、○をつけましょう。（20点）

ア（　）のどかな様子。
イ（　）あらあらしい様子。
ウ（　）さびしげな様子。

(3) ④の俳句の様子を表す絵はどちらですか。合うほうを選んで、○をつけましょう。（20点）

ア（　）

イ（　）

言葉を味わう

練習 ★★★

点

◆次の詩を読んで答えましょう。

庭の一部　　北原《きたはら》白秋《はくしゅう》

さあ、朝飯《あさめし》だ。
真紅《まっか》な、ちらちらする、
コスモスの花が三つと、
ほの出たばかりの小《ち》さいとうきび*、
なんとこの庭の一部の
かすかな、新せんな秋。
あ、郵便《ゆうびん》が来た。

【言葉の意味】
＊　とうきび…「とうもろこし」のこと。

1　作者は、何に秋の気配を感じたのでしょう。詩からさがして、書きぬきましょう。（一つ15点）

・真紅な□□□□の花。
・小さい□□□□。

作者は、庭で何を見つけたのかを読み取ろう。

2　「あ、郵便が来た」から感じられる作者の思いに合うものを一つ選《えら》んで、○をつけましょう。（20点）

ア（　）何かよいことが起こりそうな予感。
イ（　）悲しいことが起こりそうな予感。
ウ（　）悪いことが起こりそうな予感。

◆次の[A]短歌・[B]俳句《はいく》を読んで答えましょう。

[A]

街《まち》をゆき子供《こども》のそばを通る時
みかんの香《か》せり冬がまた来る
木下利玄《きのしたりげん》

（意味）街を歩いていて、子どものそばを通るときに、みかんのにおいがした。ああ、冬がまたやってくるのだなあ。

[B]

夏山の大木《たいぼく》たおすこだまかな
内藤鳴雪《ないとうめいせつ》

（意味）うっそうとしげった夏山から、大木をたおす音がこだまとなって聞こえてくることだ。

3 [A]の短歌の作者は、どんなものから何を感じているのですか。（一つ15点）

みかんの（　　　）から（　　　）のおとずれを感じている。

4 [B]の俳句で「大木たおす」とありますが、作者はなぜ大木がたおれたのだと分かったのですか。合うものを一つ選んで、○をつけましょう。（20点）

ア（　）目の前で大きな木がたおれたのを見たから。

イ（　）大きな木がたおされたと人が教えにきてくれたから。

ウ（　）木がたおれる音が大きなこだまとなって聞こえたから。

「こだま」とは、音が山などにひびき合って返ってくることだよ。

言葉を味わう

練習 ★★★

点

◆次の詩と【かんしょう文】を読んで答えましょう。

春

宮沢賢治《みやざわけんじ》

陽《ひ》が照《て》って鳥がなき
あちこちのならの林も、
けむるとき
ぎちぎちと鳴るきたないてのひらを、
おれはこれからもつことになる

① この詩で、作者の見た春の光景《こうけい》が書かれている行の番号を全て書きましょう。（全部できて10点）

〔　　　〕

② 「ぎちぎちと鳴るきたないてのひら」とありますが、なぜてのひらがこのようになるのですか。合うものを一つ選《えら》んで、○をつけましょう。（15点）

ア（　）工場での仕事で、手が油などでよごれるから。
イ（　）農業の仕事で、手が土などでよごれるから。
ウ（　）あちこち出歩くことが多くなり、手をあらうひまもなくなるから。

【かんしょう文】に書かれている、作者の仕事について注目しよう。

【かんしょう文】

詩の作者、宮沢賢治は、この詩を書いた年に教師《きょうし》をやめて、農業の仕事を始めます。詩の最《さい》後《ご》の二行には、これから農民《のうみん》として暮《く》らしていく決意がこめられています。ここでの「ぎちぎちと鳴るきたないてのひら」とは、土にまみれたお百しょうの手のひらのことです。仕事をしてついたよごれは、がんばったしるしです。決していやなものでもきたないものでもありません。みなさんも勉強したときには、がんばった分だけ、手がえんぴつで黒くよごれますよね。賢治は、そういうよごれた手になるまで、がんばろうと言っているのです。

（坪内稔典《つぼうちねんてん》 かん修《しゅう》・田所弘基《たどころひろき》『絵といっしょに読む国語の絵本3 詩のえほん』くもん出版《しゅっぱん》）

3 【かんしょう文】の筆者は、詩の中の「ぎちぎちと鳴るきたないてのひら」について、どのように言っていますか。（一つ15点）

仕事をしてついたよごれは、

〔　　　〕しるしで、

〔　　　〕ものでも

〔　　　〕ものでもない。

4 【かんしょう文】の筆者は、この詩には、作者のどのような思いがこめられていると言っていますか。（一つ15点）

これから〔　　　〕として暮らしていこう

という〔　　　〕。

【かんしょう文】の、「詩の最後の二行には、～」の部分に注目しよう。

言葉を味わう

おうよう ★★★

点

◆次の短歌と【かんしょう文】を読んで答えましょう。

高つきのこずえにありてほおじろの
さえずる春になりにけるかも
島木赤彦《しまきあかひこ》

【かんしょう文】

ほおじろが、空につき出すように高いけやきの木の上で、さえずっている。この山に囲《かこ》まれ、きびしい寒さにふるえた冬も終わり、あたたかい春がやってくる。赤彦は、長野県のすわ湖《こ》の近くで生まれました。雪に閉《と》ざされていた信州《しんしゅう》にも、ようやく春が来たその喜《よろこ》びを、ほおじろの姿《すがた》を借《か》りて歌っています。

（坪内稔典《つぼうちねんてん》かん修《しゅう》・中津昌子《なかつまさこ》『絵といっしょに読む国語の絵本2 短歌のえほん』くもん出版《しゅっぱん》）

1 短歌では、どんな鳥がどこでさえずっている様子が歌われていますか。【かんしょう文】からさがして、書きぬきましょう。（一つ10点）

□□□□という鳥が、
□□□□□□□□□でさえずっている。

2 【かんしょう文】の筆者は、この短歌では、作者のどのような思いが、どのように歌われているとのべていますか。（一つ15点）

春が来た（　　　）が、
（　　　）の姿を借りて歌われている。

◆次の俳句《はいく》と【かんしょう文】を読んで答えましょう。

ねこの子《こ》に*かがれているやかたつむり
椎本才麿《しいもとさいまろ》

【かんしょう文】
*好《こう》き心《しん》*おう盛《せい》な子《こ》ねこ。周囲《しゅうい》に気がねせず、小さなつのをふり立てゆうゆうとはいまわるかたつむり。子ねこは初《はじ》めて見るかたつむりを、これは何ものなんだろうと、鼻を近づけてくんくん。かわいらしく真けんな表情《ひょうじょう》をした子ねこの顔と小さなかたつむりのクローズアップされた構図《こうず》がユーモラスで、取り合わせがうまい一句《いっく》です。

（坪内稔典《つぼうちねんてん》かん修《しゅう》・塩見恵介《しおみけいすけ》『絵といっしょに読む国語の絵本１　俳句のえほん』くもん出版《しゅっぱん》）

＊かがれている…かぐ。鼻でにおいを感じとる。
＊好き心…めずらしいことなどを知りたいと思う心。
＊おう盛…とてもいきおいがあったり、元気があったりする様子。

3 俳句では、どんな光景《こうけい》がえがかれていますか。【かんしょう文】からさがして、書きぬきましょう。（一つ15点）

□□□□□□
真けんな表情をした子ねこが、初めて見る
□□□□□を、
これは何だろうと、くんくんかいでいる光景。

4 表げん力
次の（　）に四音と五音の言葉を入れて、自由に俳句を作りましょう。（20点）

（　　　　）にかがれているや（　　　　）

俳句の形式は、五音＋七音＋五音だよ。だから、初《はじ》めの（　）に四音、後の（　）に五音の言葉を入れよう。

49

説明文《せつめいぶん》

くらべて読む

きほん ★★★

◆次の文章を読んで答えましょう。

海のマグロは、ずっとおなじ場所でくらしているわけではありません。エサがたくさんある場所、あたたかくてすみやすい場所、あるいは卵《たまご》を産《う》みやすい場所を求《もと》めて、群《む》れをつくって泳ぎながら移動《いどう》します。

　こういう行動を「①回遊」といいますが、なかでも、日本のまわりや南に広がる太平洋の海を、回遊しているのがクロマグロです。

　クロマグロは、初夏《しょか》になると日本の南の海や日本海などで卵を産みます。南の海で大きくなったクロマグロの幼魚《ようぎょ》は、日本海流（黒潮《くろしお》）の流れに乗って日本の近海にたどりつきます。泳いでくるというより、海流の流れで運ばれてくるといったほうがいいかもしれません。黒潮のはやさはおよそ時速四〜五キロメートル、ちょうどおとなが歩くぐらいのスピードです。

文章や図、資料《しりょう》を読み取り、それぞれの内ようや、くらべて分かることをとらえましょう。

1 ①「回遊」とはどんな行動ですか。（30点）

エサやすみやすさ、産卵《さんらん》のしやすさを求めて、

（　　　　　　　　）行動。

2 ②「季節が秋から冬になると、また南へともどります」とありますが、クロマグロがこのように行動するのはなぜですか。一つ選《えら》んで、○をつけましょう。（20点）

ア（　）海流の流れに運ばれるから。

イ（　）あたたかい場所を求めるから。

ウ（　）きけんをさけたいから。

点

黒潮は沖縄《おきなわ》本島の近くで、太平洋がわと日本海がわに分かれて北へむかいますが、クロマグロもその流れに乗って、太平洋がわにむかう群れと、日本海がわにむかう群れの、ふた手に分かれます。そして、②季節《きせつ》が秋から冬になると、また南へともどります。

図　日本列島周辺《しゅうへん》でのクロマグロの回遊

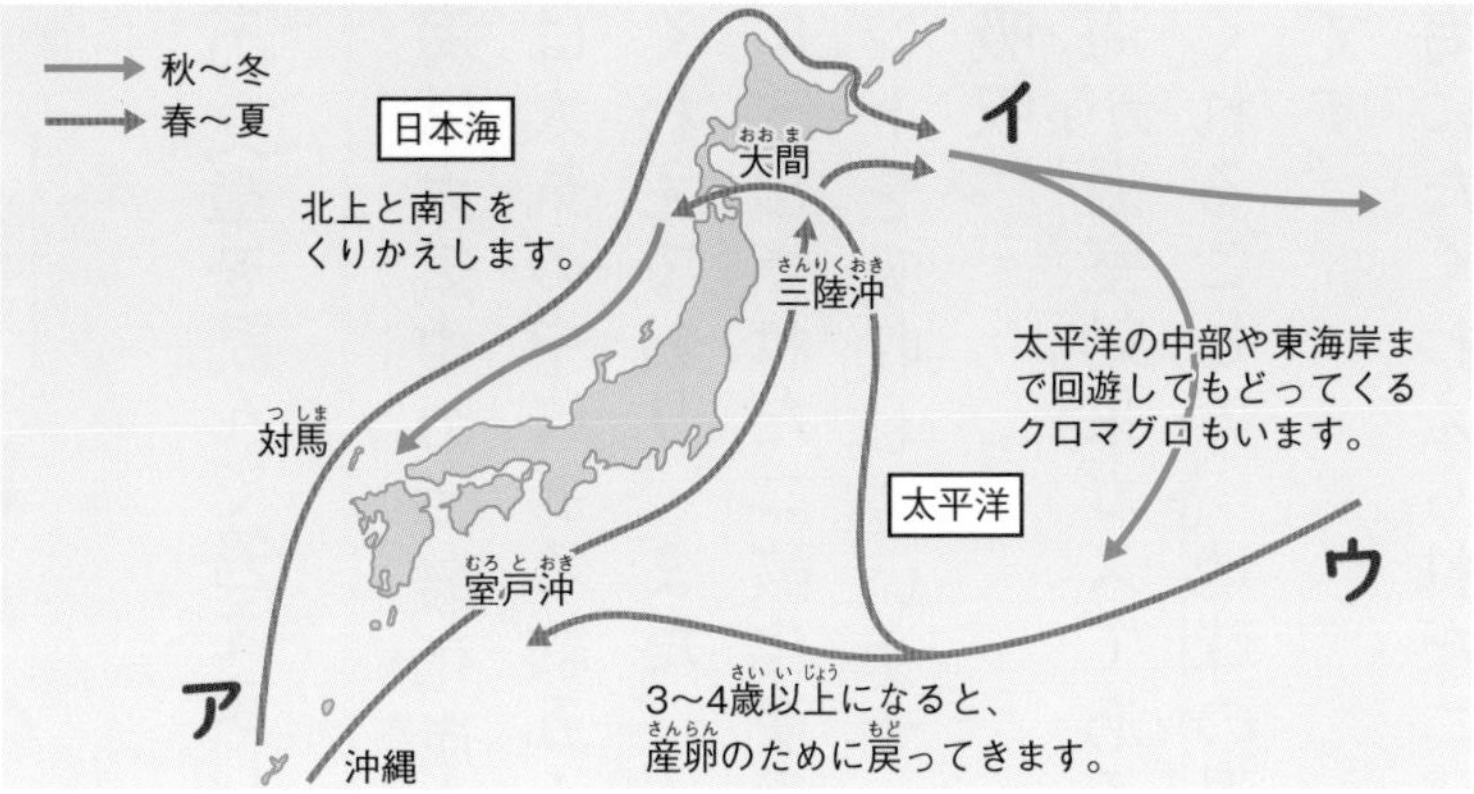
秋〜冬
春〜夏
日本海
北上と南下をくりかえします。
大間《おおま》
イ
三陸沖《さんりくおき》
太平洋の中部や東海岸まで回遊してもどってくるクロマグロもいます。
対馬《つしま》
太平洋
ウ
室戸沖《むろとおき》
3〜4歳以上《さいいじょう》になると、産卵《さんらん》のために戻《もど》ってきます。
ア
沖縄

さすが「③大洋の航海者《こうかいしゃ》」とよばれているだけあって、クロマグロの泳ぎはスケールが大きいですよね。

（北川貴士《きたがわたかし》「『大洋の航海者』クロマグロ」『びっくり！マグロ大百科』講談社《こうだんしゃ》）

3 ③「大洋の航海者」とありますが、なぜこのようによばれるのですか。一つ選んで、○をつけましょう。（20点）

ア（　）人間が乗る船と同じように行動するから。

イ（　）太平洋を行ったり来たりして移動するから。

ウ（　）広い海を大きなスケールで行き来するから。

「大洋」「航海者」の意味をとらえて考えよう。

4 「日本海流(黒潮)の流れ」は、図の矢印《やじるし》ア〜ウのどれに当たりますか。一つ選んで、記号で答えましょう。（30点）

□

図と文章の内ようを読みくらべよう。

50 説明文《せつめいぶん》

くらべて読む

きほん ★★★

点

◆次の文章を読んで答えましょう。

海は大気中の二酸化炭素《にさんかたんそ》を吸収《きゅうしゅう》しています。海は大気の中にある約《やく》五十倍もの二酸化炭素をたくわえており、また、人間の活動によって大気に放出された二酸化炭素のうち、約三十パーセントを吸収しています（熱《ねつ》は九十パーセントも吸収）。

海が温室効果《こうか》ガス*1である二酸化炭素を吸収してくれることで、①地球の温暖化《おんだんか》をおさえているのです。

海にたくわえられた二酸化炭素は、海そうや植物プランクトンが光合成《こうごうせい》*2を行うときに吸収してくれますが、②海そうや植物プランクトンの数が減《へ》ればどうなるでしょう。

海の二酸化炭素の吸収力が落ち、結果《けっか》として大気中に二酸化炭素が多く残《のこ》ってしまいます。

さらに、石油や石炭火力発電、石油製品《せいひん》の使

1 ①「地球の温暖化をおさえている」とありますが、海はどのような働きをしていますか。（一つ15点）

人間の活動で放出された、（　　　　）である大気中の二酸化炭素を、約□□パーセント吸収する働き。

2 ②「海そうや植物プランクトンの数が減れば」とありますが、減る原いんにはどのようなことがありますか。【図】から考えられることを一つ選《えら》んで、○をつけましょう。（30点）

ア（　）海水温が上しょうし、ウニや魚が活発になり、食害が起きていること。

イ（　）ウニや魚がふえたため、海流に大きな変化が起きていること。

用によって、二酸化炭素のはい[*3]出量《しゅつりょう》は年々増加《ぞうか》しています。そのため、大気中の二酸化炭素の量はますますこくなり、③地球温暖化が加速《かそく》してしまうのです。

（武本匡弘《たけもとまさひろ》『海の中から地球を考える』汐文社《ちょうぶんしゃ》）

＊１　温室効果ガス…地表から熱がにげないようにする働《はたら》きをもつ気体。二酸化炭素やメタンガス、フロンガスなど。

＊２　光合成…植物が光を受けて、水と二酸化炭素からでんぷんを作る働き。

＊３　はい出…いらないものを外に出すこと。

＊４　食害…食いあらされること。

【図】

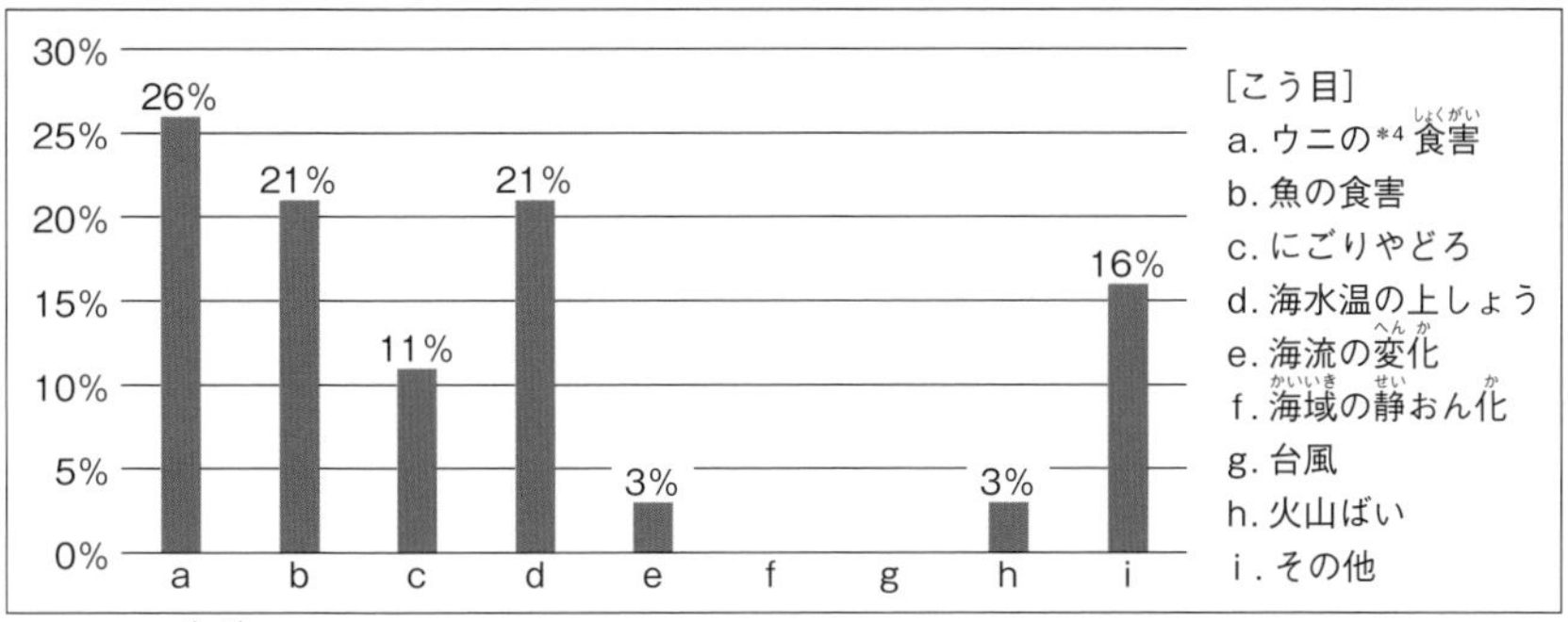

30%
25%
20%
15%
10%
5%
0%
26%
21%
11%
21%
3%
3%
16%
a
b
c
d
e
f
g
h
i
[こう目]
a. ウニの*4食害《しょくがい》
b. 魚の食害
c. にごりやどろ
d. 海水温の上しょう
e. 海流の変化《へんか》
f. 海域《かいいき》の静《せい》おん化《か》
g. 台風
h. 火山ばい
i. その他

藻場《もば》（海そうがしげる場所）がおとろえつづけている原いん（ふく数回答）

『第３版《ばん》いそ焼《や》け対策《たいさく》ガイドライン（水産庁《すいさんちょう》）』をもとに作成

ウ（　　）台風や火山のふん火など、海でさいがいが起きていること。

「いそ焼け」とは、海そうなどの数が減《げん》少《しょう》してしまうことだよ。【図】は、そのいそ焼けの原いんをグラフに表しているよ。

3

③「地球温暖化が加速してしまう」のはなぜだと考えられますか。（一つ20点）

海にたくわえられた二酸化炭素を吸収してくれる〔　　　　〕が減っているのに、二酸化炭素の〔　　　　〕はふえ、大気中の二酸化炭素がこくなっているから。

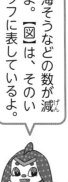

◆次の【資料《しりょう》】を読んで答えましょう。

【資料1】

ミニトマトを食べよう！

ミニトマトは栄養《えいよう》たっぷりの野菜《やさい》です。
自分で育ててみましょう。

1．［①］
○用意するもの
・ばいよう土　・プランター
・はちぞこ石　・し柱　・ミニトマトのなえ
プランターに、はちぞこ石をしき、
その上にばいよう土を入れる。
なえをうえたら、約《やく》180センチメートル
のし柱を立ててひもで結《むす》ぶ。

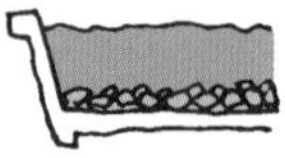
プランターのだん面図

し柱をつけたプランター

2．せん定・管理《かんり》
こまめにわき芽《め》をつみ取る。
し柱と同じ高さになったら、
先たんの芽をつみ取る。

わき芽かき

てき心《しん》

3．［②］
赤くなったものから、実をとる。

しゅうかく

❶【資料1】の「てき心」とは、どのような作業ですか。（30点）

（　　　　）

❷【資料1】の［①］と［②］に合う言葉を選《えら》んで、記号で答えましょう。（全部できて20点）

ア　しゅうかく　イ　間引き・かり取り
ウ　土づくり　エ　じゅんび・植えつけ

①（　　）　②（　　）

説明《せつめい》の内ようをもとに考えよう！

【資料2】

ミニトマトを食べよう！

ミニトマトは栄養たっぷりの野菜です。おいしく調理してみましょう。

～ミニトマトのチーズ焼《や》き～

○材料《ざいりょう》(二人前)

・［③］　15～20こ
・ツナかん　１かん
・とけるチーズ　30グラム
・［④］　てき量《りょう》
・ドライパセリ　てき量

○作り方

１．ミニトマトはヘタを取り、たて半分に切る。
２．よう器《き》に１の切った面を上にしてならべ、塩《しお》・コショウをふる。
ツナかんを入れて全体に広げ、
とけるチーズをのせる。
３．オーブンでチーズがとけるまでやく。
４．仕上げにドライパセリをふりかけて、完成《かんせい》！

ポイント
塩・コショウは多めにふるとおいしいよ。

3 【資料2】の［③］と［④］に合う言葉を選んで、記号で答えましょう。（全部できて20点）

ア　ヘタ　　イ　ミニトマト
ウ　塩・コショウ　　エ　オーブン

③（　　　）　④（　　　）

4 【資料1】と【資料2】のちがうところは何ですか。次の文の（　）に合う言葉を後から選んで、記号で答えましょう。（一つ15点）

【資料1】はミニトマトの（　　　）を取り上げているが、【資料2】はミニトマトを使った（　　　）を取り上げているところ。

ア　管理のしかた　　イ　料理《りょうり》の作り方
ウ　作り方　　エ　栄養《えいよう》の多さ

◆次の【文章】と【資料《しりょう》】を読んで答えましょう。

【文章】

人はだれでも、事故《じこ》や病気によって、何らかの障《しょう》がいを負うことがあります。もとより、だれもが年をとります。高れいになると、わかいうちとはまったくことなる状《じょう》きょうが生じます。*UD《ユーディー》は「年れい、性別《せいべつ》、障がいの有無《うむ》にかかわらず、人びとが製品《せいひん》やし設《せつ》などを利用《りよう》しやすいよう、はじめからデザインすること」です。でも、その「障がいの有無にかかわらず」というのは、いまは障がいがなくても(健常者《けんじょうしゃ》でも)、将来《しょうらい》、障がいが出てくる可能性《かのうせい》をふくめて考えなければなりません。

こう考えることで、UDが真に「①すべての人にやさしいデザイン」となるわけです。

(小石新八《こいししんぱち》 かん修《しゅう》『ユニバーサルデザインがほんとうにわかる本①もののユニバーサルデザイン』六耀社《りくようしゃ》)

① 【文章】に①「すべての人にやさしいデザイン」とありますが、まちなかや商品にはどんなものがありますか。【資料】から書きぬきましょう。(一つ15点)

・まちなか…（　　　　）

・商品……（　　　　）

② 【資料】の②「みんなが住みやすいまち」とは、どのようなまちですか。【文章】から、書きぬきましょう。(一つ10点)

（　　　　）にかかわらず、人が（　　　　）などを利用できるまち。

【資料】

＊UD…ユニバーサルデザイン。

ユニバーサルデザイン（UD）の心がけ
～みんなが住みやすいまちに～

②みんなが住みやすいまちにするために、ユニバーサルデザインはさまざまなところで使われています。ものを工夫《くふう》したり、一人一人が行動したりすることで、ユニバーサルデザインを実せんしましょう。

まちなかのUD

案内《あんない》・ゆう動サイン

「UDフォント」を使い、ふく数の言語で表記しています。また、ピクトグラムを用いることで、一目で意味が分かるようにしています。

UDの商品

シャンプー・リンス

さわるだけで区別《くべつ》できるよう、シャンプーにはおうとつがついています。

お酒のかん

目が不自由《ふじゆう》な方が区別できるように、ふたに点字で「おさけ」と書かれています。

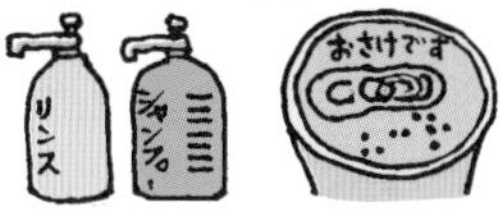

リンス
シャンプー
おさけです

UDの実せん

エスカレーター

エスカレーターを歩くのは、きけんな行動です。大きな荷物を持つ人や子ども、手が不自由な人がいることを意しきして利用しましょう。

3 エスカレーターでは、どんな行動を心がけるとよいですか。合うものを一つ選《えら》んで、○をつけましょう。（20点）

ア（　）歩かないで利用するようにする。

イ（　）歩いて利用するようにする。

ウ（　）走って利用するようにする。

【資料】にはどのように書かれているかな。

4 【文章】と【資料】から、UD（ユニバーサルデザイン）の実せんについて、まとめましょう。（一つ10点）

すべての人びとが（　　　　）しやすい製品・し設や、（　　　　）まちにするためにはじめからデザインし、一人一人が（　　　　）すること。

【文章】【資料】を読み取り、UDについて伝《つた》えたいことをまとめよう。

◆次の【文章】と【会話】を読んで答えましょう。

【文章】

イノシシは①Ｔ《ティー》の字をかくようににげることがあります。りょう犬とのきょりが一〇〇メートルくらいはなれているときは、まっすぐに進んだあと、もときた方向へひきかえし、とちゅうでよこににげていきます。

（中りゃく）きちんとかりのしつけをされていないりょう犬は、足あとのにおいをかぐことだけにいっしょうけんめいになってしまい、足あとがおえなくなるとりょう師《し》さんのところへもどってきてしまうので、そのあいだにえものににげられてしまうのです。

クマは、おってくる敵《てき》をぎゃくにこうげきすることがあります。このとき「②後ろ足がえし」という行動をとるそうです。それは、歩いてき

1 ①「Ｔの字をかくようににげる」のはなぜですか。（20点）

りょう犬が足あとを（　　　　）ようにするため。

2 ②「後ろ足がえし」とは、どんな行動ですか。（一つ10点）

歩いてきた（　　　　）にかさなるように足をのせながら（　　　　）いき、近くにかくれて敵を（　　　　）し、後ろからおそう行動。

た足あとにかさなるように足をのせながら後ろに下がっていき、とちゅうで近くにかくれて敵を待ちぶせするのです。敵がとおりすぎたところで、後ろからおそいます。じぶんの足あとの上を後ろむきに進むなんてなかなかむずかしそうですが、これがクマが生きていくための知えなのです。

（西村《にしむら》豊《ゆたか》『キツネにもらったたからもの』アリス館）

【会話】

かずは：【文章】には、イノシシのにげるときの工夫《くふう》や、クマが敵を［ア］するための工夫が書いてあったね。

きさき：生きていくための工夫だね。他に、どんな工夫をしている動物がいるかな。

さくら：周《まわ》りのけしきにとけこんでいる動物がいるよね。えだや葉っぱに見えるような見た目をしていたり、体の色が変《か》わったりするんだ。

いちか：それは、敵に［イ］ようにするための工夫だね。

3 ［ア］、［イ］に合う言葉を考えて書きましょう。（一つ10点）

ア…（　　）

イ…（　　）

4 【文章】と【会話】を読んで、動物が生きていくための工夫について、あなたが知っていることを書きましょう。（全部できて30点）

表げん力

動物…（　　）

工夫…（　　）

図かんなどで調べて書いてもいいよ。

くらべて読む

◆次の【文章】と【資料《しりょう》】と【会話】を読んで答えましょう。

【文章】

森林がなくなってしまうと大変《たいへん》なことが起こります。

（中りゃく）山の土砂《どしゃ》くずれは、地形や地質《ちしつ》の問題のほかに、樹木《じゅもく》がしっかりと大地に根を張《は》っていないことが原いんで起こることがあるのです。木が土砂や岩石などにしっかりと根を張り、地ばんをつかんで固《かた》めていれば、土砂がくずれ落ちることを、ある程度《ていど》未然《みぜん》に防《ふせ》ぐことができます。

また、＊林しょうが下草や低木《ていぼく》、あるいは落ち葉などでおおわれ、手入れがされている山は、大雨が降《ふ》っても、水が一気に地表を流れ落ちたり、山の土が水にけずり取られたりすることが少なくてすみます。木の根が張り、落ち葉などでおおわれた豊《ゆた》かな森の土は、スポンジのように雨水を地中にためておくことができるからです。そのような土は、たくわえた水の不純物《ふじゅんぶつ》を吸着《きゅうちゃく》しながらきれいにし、少しずつ河《か》川《せん》に送り出します。

（田中惣次《たなかそうじ》『本当はすごい森の話』少年写真新聞社）

おうよう ★★★

点

1 山の土砂くずれの原いんはどのようなことですか。（一つ10点）

・（　）や地質の問題。

・（　）こと。

2 「そのような土」とは、どのような土ですか。（一つ10点）

（　）が張り、（　）などでおおわれた森の、雨水を（　）にためておくことができるスポンジのような土。

＊林しょう…森林の中の地面のこと。

【資料】森林に期待する働《はたら》き

	1980年	2019年
1位《い》	山くずれやこう水などの災害《さいがい》を防止《ぼうし》する働き	山くずれやこう水などの災害を防止する働き
2位	住たく用建材《けんざい》や家具、紙などの原材料《げんざいりょう》となる木材を生産《せいさん》する働き	二酸化炭素《にさんかたんそ》を吸収《きゅうしゅう》することにより、地球温暖化《ちきゅうおんだんか》防止にこうけんする働き
3位	水資源《しげん》をたくわえる働き	水資源をたくわえる働き

（『令和《れいわ》4年度森林・林業白書（林野庁《りんやちょう》）』をもとに作成《さくせい》）

【会話】

あみ：豊かな森の土には、川に流れる水をきれいにする働きもあるんだね。

こう：森に落ち葉がないように、しっかり手入れをしないといけないね。

りこ：【文章】も【資料】も、日本で森林がどのくらいへっているかを具体的《ぐたいてき》にしめしているね。

けい：【資料】の一九八〇年と二〇一九年をくらべると、森林に、かんきょうへのよいえいきょうを期待する人がふえたことが分かるよ。

3 【文章】で説明《せつめい》されている森林の働きは、【資料】のどの働きに当たりますか。二〇一九年の1位～3位から合うものを全て選《えら》んで順位《じゅんい》で答えましょう。（全部できて10点）

（　　　）

4 【文章】と【資料】の内ようを正しく読み取っている人を、【会話】から二人選んで名前を書きましょう。（一つ10点）

（　　　）（　　　）

5 表げん力

【文章】と【資料】を読んで、森林の保全《ほぜん》と働きについて考えたことを書きましょう。（20点）

（　　　）

たしかめテスト①

◆次の文章を読んで答えましょう。

ぼくは、しばらくのあいだ、道ばたにつったっていた。

どうしてぼくは、いろんな人にしかられなくてはならないのか。①なんだかぼくだけが、ずいぶんそんをしているような気がする。それもこれもみんな、ぜんそくの妹がいるせいだ。リエがいるから、ねこをかかえて、こんな時刻《じこく》までうろうろしなければならないのだ。

リエをふりかえると、リエも、ぼくの顔をみあげていた。

「おにいちゃん、これ食べてごらん。おいしいよ」

リエが、スカートのポケットからにぼしをつまんで、ぼくの鼻さきにつきだした。

「②いらないよ。ねこにやればいいだろ」

「だって、ねむっちゃってるんだもの」

なるほど、子ねこは、ぼくのうでのなかで、気持ちよさそうにねむりこけていた。夕日が、

1 ①「なんだかぼくだけが、ずいぶんそんをしているような気がする」とありますが、「ぼく」はなぜ、このように感じているのですか。（一つ10点）

病気の（　　）のせいで、自分がいろんな人に（　　）たり、（　　）をかかえて夕方まで（　　）したりしなければならないのだと、おもっているから。

2 ②——といったときの「ぼく」の気持ちに合うものを一つ選《えら》んで、○をつけましょう。（10点）

ア（　）やさしい気持ち。
イ（　）なげやりな気持ち。
ウ（　）さびしい気持ち。

点

ねこの白い毛をピンク色にそめている。

「ねえ、おにいちゃん。③わたしのぜんそく、なおるわよねえ。なおったら、ねこかってもいいんでしょ」

リエが、ねこのせなかをなでながらゆっくりといった。

「あたりまえじゃないか。なおるにきまってるさ」

おもわずこたえてからかんがえた。リエだって、ねこがだいすきなのだ。うちでかえない子ねこのことが気になってしかたないから、ずっとついてきたんだ。

　にぼしを口にほうりこむと、ぼくは新町《しんまち》のほうにむかってあるきだした。新町の高木《たかぎ》さんが、いつか、ねこがかいたいとはなしていたのをおもいだしたのだ。

　高木さんがだめでも、新町までいけば、ねこをもらってくれる家がみつかるかもしれない。いや、きっとみつけてみせる。

　ぼくは、すこし元気がでてきた。


（那須正幹《なすまさもと》「子ねこをだいて」『日本の名作童話19 そうじ当番』岩崎書店《いわさきしょてん》）

3 ③――の言葉には、リエのどんな気持ちが表れていますか。合うものを二つ選《えら》んで、○をつけましょう。（一つ15点）

ア（　）どうせねこはかえないのだとあきらめている。

イ（　）自分の病気がなおることを信《しん》じたい。

ウ（　）おにいちゃんにもっとやさしくしてほしい。

エ（　）だいすきなねこをいつかかってみたい。

4 「ぼく」の気持ちは、どのように変化《へんか》しましたか。（　）に合う言葉を考えて書きましょう。（一つ10点）

妹のせいで自分がそんをしているように感じて（　　　　）いたが、妹の願《ねが》いを受け止めて、

（　　　　　　　　）

という気持ちになった。

たしかめテスト②

◆次の文章を読んで答えましょう。

　イルカは音をさまざまに利用《りよう》していますが、その一つにエコーロケーションがあります。これは*1クリックスを発して、それが何かに当たって*2反射《はんしゃ》してきた音を聞いて、その反射したものまでのきょり、そのものの大きさや形、厚《あつ》さ、材質《ざいしつ》のちがいなどを知ることができる能力《のうりょく》です。また、そのものが動いていれば、その方向などもわかると言われています。

　イルカはこの能力を使って、前方に何か障害物《しょうがいぶつ》がないか、エサはいないかといったことをすばやく知ることができるのです。ちょうどせん水かんのソナーや漁師《りょうし》が使っている魚群探知機《ぎょぐんたんちき》などと同じ原理です。

　イルカの音は呼吸《こきゅう》こうの中にあるふくろ状《じょう》になった組織《そしき》を空気が出入りすることで発せられると考えられています。そうして発せられた音はイルカのおでこの部分にあるメロンという部分を通って前方へと出ていきます。このメロンはしぼうでで

1 「この能力」について答えましょう。

(1) 何という能力ですか。文章から九字で書きぬきましょう。（10点）

□□□□□□□□□

(2) どのような能力ですか。（一つ10点）

クリックスが（　　　）してきた音を聞いて、障害物や（　　　）があることを知ることができる能力。

2 図の ア に合う言葉を、文章から三字で書きぬきましょう。（20点）

□□□

点

きていて、音が通りやすくなっていますが、ちょうどレンズのように、ここに入った音は中心に集められて前方へと出ていくのです。

発せられた音は何かに当たって反射してかえってきますが、その反射した音はどこで聞かれるのでしょうか。（中りゃく）イルカの耳は眼《め》の後ろにある小さな穴《あな》です。ていこうを減《へ》らすために、ヒトの耳のような耳《じ》かい*3や耳たぶなどもありません。[イ]、実はこの耳は耳あかがつまっていて、音の通り道にはなっていないのです。ではどこで聞くのかというと、物に当たって反射してきた音はイルカの下アゴで受け止められるのです。下アゴの骨《ほね》やしぼうを通り、そのおくに少し広くてうすくなった部分があり、そこから中耳《ちゅうじ》や内耳《ないじ》へと伝《つた》わっていくのです。

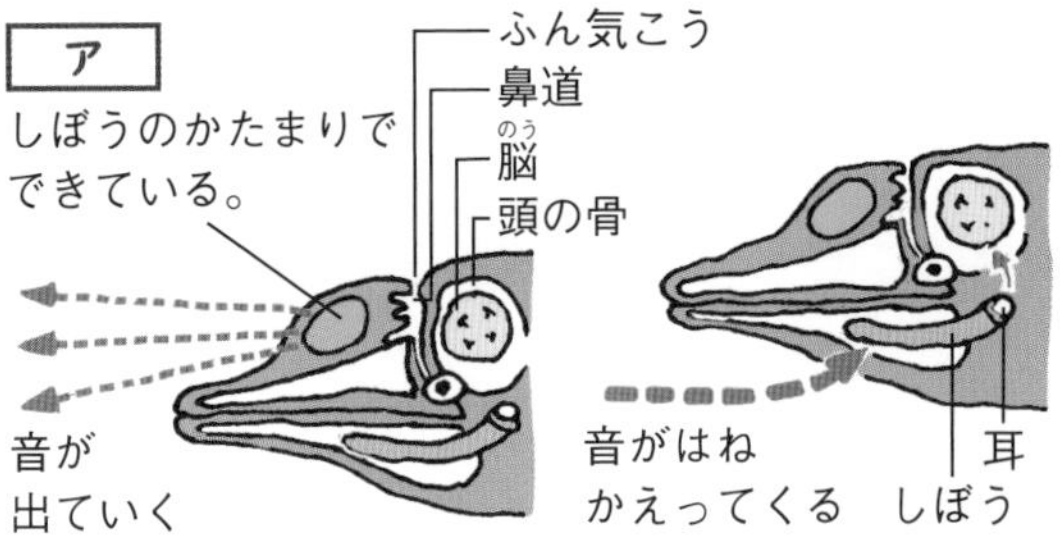
ア
しぼうのかたまりでできている。
ふん気こう
鼻道
脳《のう》
頭の骨
音が出ていく
音がはねかえってくる
しぼう
耳

（村山司《むらやまつかさ》『イルカの不思議《ふしぎ》』誠文堂新光社《せいぶんどうしんこうしゃ》）

＊1　クリックス…イルカの発する音。
＊2　反射…はねかえること。
＊3　耳かい…耳全体のうちの、外に出ている部分。

3 [イ]に合う言葉を一つ選《えら》んで、○をつけましょう。（20点）

ア（　）しかし
イ（　）さらに
ウ（　）たとえば

4 文章で説明《せつめい》していることとして、合うものを一つ選んで、○をつけましょう。（30点）

ア（　）イルカは音を眼の後ろにある耳で受け止め、音は骨やしぼうを音の通り道として、中耳や内耳へと伝わっていく。

イ（　）イルカは音を下アゴで受け止め、音は骨やしぼうを通り、そのおくの部分から、中耳や内耳へと伝わっていく。

ウ（　）イルカは音を呼吸こうで受け止め、音はおでこにあるメロンを通って耳にとどき、中耳や内耳へと伝わっていく。

たしかめテスト③

◆ 次の詩と【かんしょう文】を読んで答えましょう。

公園　伊東静雄《いとうしずお》

私《わたし》がこしをおろす場所はみな
公園になる
そこで人々はひとりでに
水の様な
安らかな歩調に帰り
木木のこずえの様に
自分の言葉で話を始める

1 詩の「私がこしをおろす場所はみな／公園になる」の部分では、どのようなことを表していますか。【かんしょう文】を参考《さんこう》にして、合うものを一つ選《えら》んで、○をつけましょう。(20点)

ア（　）自分はいつも座って休むとき、公園をさがして、そこで休むということ。

イ（　）自分が座ると、そこは公園のようにくつろげる場所になるということ。

ウ（　）自分が座るところには、いつも人々が集まってにぎやかになるということ。

2 「公園」という場所では、人々はどうなっていくと【かんしょう文】ではのべていますか。(20点)

〔　　　〕

点

【かんしょう文】

自分の座《すわ》るところが、どこでも公園になったらたのしいですね。そこで人々は、体も心もらくになっていきます。「水の様な」、「木木のこずえの様に」という*ひゆの表現《ひょうげん》から、自然《しぜん》と一体になって、それぞれの自分のペースでたのしんでいるようすが伝《つた》わってきます。街《まち》のなかにいこいの場所が少なくなっているからこそ、どこでも公園だったらいいなと思うのでしょう。

（坪内稔典《つぼうちねんてん》かん修《しゅう》・田所弘基《たどころひろき》『絵といっしょに読む国語の絵本3 詩のえほん』くもん出版《しゅっぱん》）

＊ ひゆ…ある物事を、それににた他の物事を例《れい》にあげて言い表すこと。

3 詩の〜〜の表現から、何が伝《つた》わってくると【かんしょう文】ではのべていますか。（一つ10点）

（　　　）と一体になって、それぞれの（　　　）で（　　　）いるようす。

4 あなたは、自分がこしをおろす場所がどんな場所になるとよいと思いますか。その理由も書きましょう。（全部できて30点）

どんな場所になるとよいか。

（　　　）

表げん力

理由

（　　　）

たしかめテスト④

◆次の【文章】と【資料《しりょう》】を読んで答えましょう。

【文章】

食品ロスは国の統計《とうけい》上、発生理由によって、①流通段階《りゅうつうだんかい》での＊減《げん》もう・期限《きげん》切れ、②直接《ちょくせつ》はいき、③食《た》べ残《のこ》し、④過《か》じょう除去《じょきょ》の四つに分けられています。①は、期限切れや、人間にはわかっても機械《きかい》が読み取れないパッケージの印字《いんじ》ミス、数グラム足りないくらいの容量不足《ようりょうぶそく》、容量は十分でもジャガイモや肉などの具が少し足りないレトルトカレーといった食品です。②は、こう入後、全く手が付《つ》けられていない食品や、スーパーやコンビニの売れ残りがあたります。③は、それぞれの家庭での食べ残しだけでなく、レストランなどで発生したものもさします。④は、食べものの皮やしん、骨《ほね》などを取《と》り除《のぞ》く時に出るものです。見栄《みば》えを良《よ》くしたり簡単《かんたん》に調理・加《か》

1 「過じょう除去」について【文章】で説明《せつめい》していることとして合うものを一つ選《えら》んで、○をつけましょう。（20点）

ア（　）量が多くて食べきれなかったために捨てられるもの。

イ（　）売り物として何らかのミスがあるために捨てられるもの。

ウ（　）食べものの皮などを取り除いたために捨てられるもの。

2 消費《しょうひ》期限と賞味《しょうみ》期限は、それぞれどのような期限ですか。【資料】からさがして書きましょう。（一つ15点）

・消費期限…（　　　　）期限。

・賞味期限…（　　　　）期限。

点

こできるようにするため　食べられる部分をたくさん切り取っていっしょに捨《す》ててしまうのです。特《とく》に日本料理《にほんりょうり》では見栄えを重視《じゅうし》するため、過じょう除去が少なくないといわれています。

（小林富雄《こばやしとみお》『食品ロスはなぜ減《へ》らないの？』岩波書店）

＊　減もう…減ること。ここでは、分量が足りていないこと。

【資料】

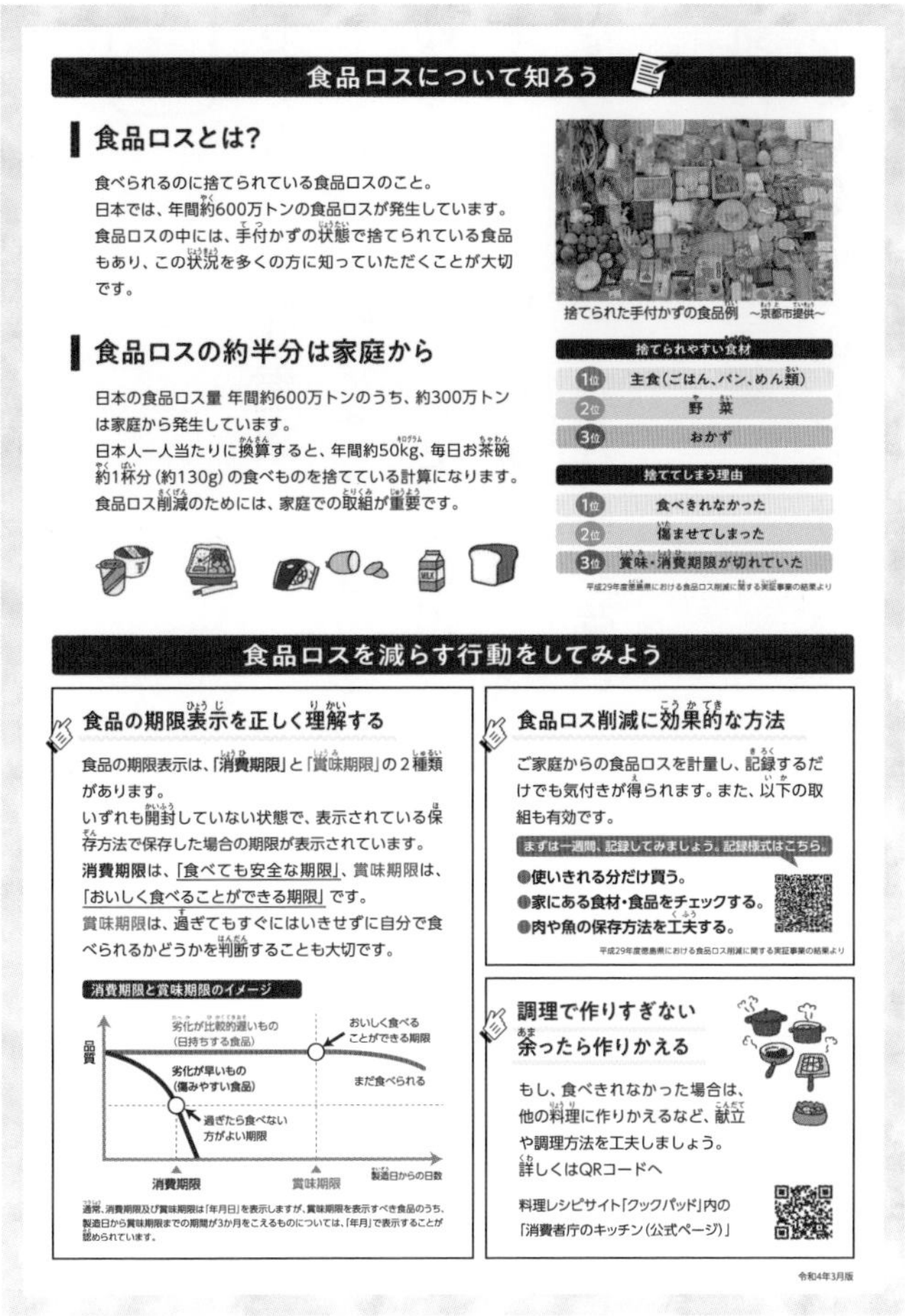
食品ロスについて知ろう

食品ロスとは?

食べられるのに捨てられている食品ロスのこと。
日本では、年間約《やく》600万トンの食品ロスが発生しています。
食品ロスの中には、手付《てつ》かずの状態《じょうたい》で捨てられている食品もあり、この状況《じょうきょう》を多くの方に知っていただくことが大切です。

捨てられた手付かずの食品例　～京都市《きょうとし》提供《ていきょう》～

食品ロスの約半分は家庭から

日本の食品ロス量 年間約600万トンのうち、約300万トンは家庭から発生しています。
日本人一人当たりに換算《かんさん》すると、年間約50kg《キログラム》、毎日お茶碗《ちゃわん》約《やく》1杯《ぱい》分（約130g）の食べものを捨てている計算になります。
食品ロス削減《さくげん》のためには、家庭での取組《とりくみ》が重要《じゅうよう》です。

捨てられやすい食材
1位　主食（ごはん、パン、めん類）
2位　野菜
3位　おかず

捨ててしまう理由
1位　食べきれなかった
2位　傷《いた》ませてしまった
3位　賞味《しょうみ》・消費《しょうひ》期限が切れていた

平成29年度徳島県における食品ロス削減に関する実証事業の結果より

食品ロスを減らす行動をしてみよう

食品の期限表示《ひょうじ》を正しく理解《りかい》する

食品の期限表示は、「消費期限」と「賞味期限」の２種類《しゅるい》があります。
いずれも開封《かいふう》していない状態で、表示されている保《ほ》存《ぞん》方法で保存した場合の期限が表示されています。
消費期限は、「食べても安全な期限」、賞味期限は、「おいしく食べることができる期限」です。
賞味期限は、過《す》ぎてもすぐにはいきせずに自分で食べられるかどうかを判断《はんだん》することも大切です。

消費期限と賞味期限のイメージ
品質
劣化が比較的遅いもの
（日持ちする食品）
おいしく食べることができる期限
劣化が早いもの
（傷みやすい食品）
まだ食べられる
過ぎたら食べない方がよい期限
消費期限
賞味期限
製造日からの日数

通常、消費期限及び賞味期限は「年月日」を表示しますが、賞味期限を表示すべき食品のうち、製造日から賞味期限までの期間が3か月をこえるものについては、「年月」で表示することが認められています。

食品ロス削減に効果的《こうかてき》な方法

ご家庭からの食品ロスを計量し、記録《きろく》するだけでも気付きが得《え》られます。また、以下《いか》の取組も有効です。

まずは一週間、記録してみましょう。記録様式はこちら。
●使いきれる分だけ買う。
●家にある食材・食品をチェックする。
●肉や魚の保存方法を工夫《くふう》する。

平成29年度徳島県における食品ロス削減に関する実証事業の結果より

調理で作りすぎない
余《あま》ったら作りかえる

もし、食べきれなかった場合は、他の料理《りょうり》に作りかえるなど、献立《こんだて》や調理方法を工夫しましょう。
詳《くわ》しくはQRコードへ

料理レシピサイト「クックパッド」内の「消費者庁のキッチン（公式ページ）」

令和4年3月版

（消費者庁《しょうひしゃちょう》「食品ロス削減啓発《さくげんけいはつ》用パンフレット／基礎編《きそへん》（令和《れいわ》四年三月版《ばん》）」）

3　食品ロスについて【文章】と【資料】から読み取れることとして、合うものには〇を、合わないものには×をつけましょう。（全部できて30点）

ア（　）食品ロスで最も多い発生理由は直接はいきである。

イ（　）日本料理では見栄えを重視するため、過じょう除去が多い。

ウ（　）日本では年間約六百万トンの食品ロスが発生している。

エ（　）食べきれなかった場合は、がまんして食べるしかない。

4　【資料】に「食品ロスの約半分は家庭から」とありますが、【文章】で説明《せつめい》されている食品ロスの発生理由①～④の中で家庭から発生して<u>いない</u>ものはどれですか。番号を書きましょう。（20点）

いろいろな言葉をおぼえましょう。

物語

●せいかくを表す言葉

やさしい　おちょうし者　まじめ
ゆうかん　せっかち　器用《きよう》　熱心《ねっしん》
ずうずうしい　気まぐれ　根気強い
なみだもろい　責任感《せきにんかん》が強い

●気持ちを表す言葉

つまらない　申しわけない　不安《ふあん》
はずかしい　つらい　ゆううつ
かわいそう　後かいする　うれしい
なげやり　ためらう　じれったい
心がはずむ　心温まる　気がすむ

詩・短歌・俳句《はいく》

●きせつを表す言葉

春…さくら　ほおじろ　ひな祭り
夏…かたつむり　ゆかた　ほたる
秋…コスモス　すすき　お月見
冬…雪　大根　みかん　ゆず湯

説明文《せつめいぶん》

●理由を説明する言葉

から　ので　ため

●文をつなぐ言葉

だから　そこで　そして　そのため
しかし　ところが　ただし　また
さらに　では　たとえば　つまり

くもんの国語集中学習　小学４年生 文章読解にぐーんと強くなる

2024年 2 月　第1版第1刷発行
2024年 9 月　第1版第2刷発行

●発行人　泉田義則
●発行所　株式会社くもん出版
〒141-8488 東京都品川区東五反田
2-10-2
東五反田スクエア11F
電話　編集　03(6836)0317
営業　03(6836)0305
代表　03(6836)0301

●印刷・製本　株式会社精興社
●カバーデザイン　辻中浩一+村松亨修(ウフ)
●カバーイラスト　亀山鶴子

ISBN 978-4-7743-3543-8
落丁・乱丁はおとりかえいたします。

ＣＤ 57353

くもん出版ホームページアドレス　https://www.kumonshuppan.com/
くもん出版お客様係　info@kumonshuppan.com

●本文イラスト　藤田ひおこ
●本文デザイン　岸野祐美
(株式会社京田クリエーション)
●本文キャラクター　平井彩香
(株式会社京田クリエーション)
●編集協力　株式会社あいげん社

小学4年生

文章読《どっ》解《かい》にぐーんと強くなる

別《べっ》冊《さつ》

解《かい》答《とう》書《しょ》

- （　）は、答えにあってもよいものです。
- 〈　〉は、別《べつ》の答え方です。
- 例《れい》は、答えの例をしめしています。
- 答えといっしょに、かい説《せつ》も読みましょう。
- 答えに文字数などの指定がない場合、習っていない漢字は、ひらがなで書いていても正かいです。

1 説明文《せつめいぶん》 話題と説明をつかむ ―話題　きほん　4・5ページ

①アブラコウモリ
②ヒート（熱《ねつ》の）アイランド（島）現象《げんしょう》
③ア
④温《おん》暖《だん》・エサが手に入りやすく

かい説《せつ》

①文章には、「アブラコウモリ」がくり返し出てきます。

②「都会の温暖化《おんだんか》」という言葉が、直後の一文で「都会全体が大きな大きな熱《ねつ》の島のようになる」と言いかえられ、さらにこれは、「ヒート(熱の)アイランド(島)現象《げんしょう》」と呼《よ》ばれると書かれています。

③直後の段落《だんらく》の内ようを注意して読みましょう。「ふたつの原因《げんいん》」とは、「町全体が、熱を～発散《はっさん》されにくくなったこと」と、「自動車やエアコンの～熱を出しつづけていること」です。

④最後《さいご》の段落に「暖《あたた》かい」こと、「エサをとりやすい」ことで冬みんせずとも生きられることが書かれています。この内ようは、最後から二番目の段落にくわしく書かれています。

2 説明文《せつめいぶん》 話題と説明をつかむ ―話題　練習　6・7ページ

①イ
②ダンス・追い出そう
③(1)赤色　(2)エ

かい説《せつ》

①最初《さいしょ》の段落《だんらく》に、「動物行動学では『かぎし激《げき》』とよぶことがあります。たとえば、次のような場合です。」とあります。ここから、この文章が、「かぎし激」について例《れい》をあげて説明していることが分かります。

②「いっぽう」という言葉に注意して、「メス」と「べつのオス」の行動についてとらえましょう。

③(1)すぐ後の部分から読み取りましょう。
(2)文章の最後で、し激を「かぎ」、行動を「じょう前」に見立てていると説明されています。なわばりの主であるトゲウオのオスの場合、はんしょく期をむかえたオスの特《とく》ちょうである赤色がし激(「かぎ」)となって、赤色のものをこうげきするという行動(「じょう前」)が引き起こされます。

3 説明文《せつめいぶん》 話題と説明をつかむ ――話題 〈おうよう〉 8・9ページ

❶ ア　❷ ひづめ・つかまえ
❸ しなやか・のびちぢみ
❹ （印象《いんしょう》に残《のこ》ったこと）例《れい》肉食じゅうの手足が、走るいがいの働《はたら》きもできるように変化《へんか》していること。
（理由）例生き方に合った変化をしていることが、すごいと感じたから。

かい説《せつ》

❶ 最初《さいしょ》の段落《だんらく》に、「では、おいかける側《がわ》の肉食じゅうの手足はどうなっているのでしょう。」とあります。読んでいる人に問いかける文で、話題をしめしています。

❷ 「しかし」という言葉を使って、草食じゅうと肉食じゅうの手足をくらべながら説明しています。

❸ 「ネコのなかまの動物」の背骨《せぼね》について、後から二番目の段落で説明しています。

❹ 文章をふまえて書きましょう。理由は、「〜から。」「〜ため。」などの言い方で書くとよいでしょう。

4 説明文《せつめいぶん》 話題と説明をつかむ ――指ししめす言葉・つなぐ言葉 〈きほん〉 10・11ページ

❶ 生きもの・食べもの
❷ イ
❸ [5]
❹ 三〜四週間・虫をとる・草の種《たね》

かい説《せつ》

❶ 最初《さいしょ》の段落《だんらく》に「どうしてスズメは、こんなに何度も子育てをするのでしょう。」という問いがあり、次の段落でその問いに答えています。「それは」という言葉に注目しましょう。

❷ 「そこで」は、結果《けっか》とその理由をつなぐつなぎ言葉です。「なかまの数をふやしている」のは、「群《む》れていないと生きていけ」ないからです。

❸ ――の前の部分をよく読みましょう。

❹ [7]の段落と[8]の段落で、シジュウカラとスズメをくらべています。[7]の段落ではひとり立ちまでの期間について、[8]の段落ではその理由について説明しています。

5 説明文《せつめいぶん》 話題と説明をつかむ ―指ししめす言葉・つなぐ言葉

練習 12・13ページ

❶ ア ❷ 四十年・白もち

❸ イ

❹ ハレの日…⑴特別《とくべつ》なめでたい日 ⑵白もち

ケの日…⑴ふだんの日 ⑵きびもち、あわもち、もろこしもち、ひえもち

かい説《せつ》

❶ ①――の前には、日本にはもちの種類《しゅるい》がたくさんあること、それが後ろには、大きく二つに分けられることが書かれているので、アが正しいです。

❷ 「その」などが指す内ようは、それより前に書かれていることが多いです。直前の文をまとめます。

❸ 前には、おもちがかんたんには食べられなかった理由の一つ目が書かれ、後ろには、二つ目の理由が書かれています。同じような内ようを順番《じゅんばん》につないでいるので、イが正しいです。

❹ ハレの日、ケの日の意味は、最初《さいしょ》の段落《だんらく》に書かれています。おもちについては、最後の段落に書かれています。

6 説明文《せつめいぶん》 話題と説明をつかむ ―指ししめす言葉・つなぐ言葉

練習 14・15ページ

❶ 一本の木に ❷ イ

❸ イ・ア・ウ・ア・ア・ウ・ウ・ア・イ

❹ 例《れい》仲間《なかま》にきけんを知らせる

かい説《せつ》

❶ 指す内ようが指す言葉の後ろに来る場合もあります。「これ」は「アレロパシーの一つ」で、その後にくわしい内ようが書かれています。「一本の木に～ということ」という三十六字の部分です。

❷ 前の文も後ろの文も、「きけんを知らせる」アレロケミクスについての説明です。同様の内ようをならべているので、イが正しいです。

❸ ②――の後に、「つぎのようなものがあります」とあるので、「その例《れい》」が指す内ようが次の段落《だんらく》より後に書かれていることが分かります。

❹ 「すごいこと」とは、今までの文章で説明してきたことに対する筆者の感想です。二つ目までの段落に文章の話題が書かれているので、この部分に注目してまとめましょう。

7 説明文《せつめいぶん》 話題と説明をつかむ —指ししめす言葉・つなぐ言葉 おうよう

16・17ページ

① ア ② ひたる・話し合う

③ 絵・文章 ※順《じゅん》不同《ふどう》

④ 例《れい》一人で読む

理由…自分のペースで、じっくりと本を楽しむことができるから。

かい説《せつ》

① □の前には一人で本を読むことについて、後には友だちと同じ本を読むことについて書いてあります。□には、前後でちがう内ようをつなぐ言葉の「でも」が入ります。

② 第一段落《だんらく》では一人で本を読むことについて、第二、三段落では何人かの人といっしょに本を読むことについて、それぞれ説明しています。

③ 前の段落で、「絵巻物《えまきもの》」がどのようなものか説明しています。

④ 自分が選《えら》んだほうの本の読み方について、理由を考えて書けていれば正かいです。

8 説明文《せつめいぶん》 話題と説明をつかむ —指ししめす言葉・つなぐ言葉 おうよう

18・19ページ

① 音・声・動き

② ウ

③ わんわん・にゃーにゃー・ざあざあ・びゅう・きらきら・がっかり

④ 例《れい》新しい自転車がぴかぴか光っている。

かい説《せつ》

① 「それ」よりも前の部分から、指す内ようをさがしましょう。

② □の前では「ぎ音語・ぎ態語《たいご》」の説明が、後ではその例《れい》がしめされています。例をあげるときには、「たとえば」を使います。

③ 最初《さいしょ》の段落《だんらく》で、ぎ音語・ぎ態語の例がしょうかいされています。

④ ぎ音語・ぎ態語は身の回りにたくさんあります。ふだんの生活で使われているぎ音語・ぎ態語をさがして、その言葉を使った文が書けていれば正かいです。

❶ ア・ウ・エ
❷ まっさお・（きょ大な）入道雲
❸ なかよし・いっしょ
❹ イ

かい説《せつ》

❶ 五行目から十三行目に書かれている、町の様子やまさるの言葉の内ようから、今まさるがいる町の中の様子が読み取れます。

❸ 最後《さいご》から二つ目のまとまりをよく読みましょう。いなかにいたときのまさるとせいちゃんがどんな関係《かんけい》だったかが分かります。

❹ いなかとはまるでちがう町で、せいちゃんのいない夏休みをすごすことになったまさるの気持ちを、二つ目、四つ目の会話文からとらえましょう。この場面では、いなかをはなれ、なかよしの友達《ともだち》とも別《わか》れて、夏休みを町ですごすことになったまさるの様子や気持ちがえがかれています。

❶ 三・三・二・一　❷ イ
❸ (1)ゾーンからはみだしたところで、バトンをうけとっていた〈テーク・オーバー・ゾーンから一メートルほどはみだした〉
(2)例《れい》勝ちたい思いだけで、あせっていたから。

かい説《せつ》

❶ 「五年の上原《うえはら》くんから、おねえちゃんがバトンをうけとったとき、一組は三位《さんい》でした」「三組を～一着でゴールインです」という部分から読み取ります。

❷ 二行後からの岡田《おかだ》先生の言葉をよく読みましょう。

❸ (1) リレーの「やくそくごと」をわすれてどうしたのかが、②――の前のまとまりに書かれています。「こと。」に続《つづ》くように書きぬきます。
(2) ②――の直前の文から、理由を読み取ります。文末《ぶんまつ》を「～から。」「～ので。」などの形でまとめます。

11 物語 内ようをつかむ ——場面・出来事 〈おうよう〉 24・25ページ

❶ ウ

❷ 例《れい》おおかみにつかまって、食べられたくないという気持ち。

❸ ガケ・生きもの〈おおかみ〉

❹ 強く・エサ・西（の方）・人間

かい説《せつ》

❶ 前の部分に注目します。「とほうにくれる」は、どうしてよいか分からなくなる、「日も西にかたむいてきた」は、日がくれてきたということです。

❷ ジョンは遠ぼえを聞いて、キューが言っていたこわいおおかみかもしれないと考え、「そいつらからみたらボクもエサなのだろうか」と思っています。

❹ ジョンがおおかみに出会う前の場面では、キューの話にあるように、おおかみは「こわい」ものとしてえがかれています。じっさいにジョンがおおかみに出会う場面では、おおかみは、山の中でまよっていたジョンに、帰る方向を教えてくれます。

12 物語 内ようをつかむ ——気持ち・せいかく 〈きほん〉 26・27ページ

❶ イ ❷ いやな・明るい

❸ ア・ウ ❹ 例《れい》やさしい

かい説《せつ》

❸ ②——の直後で、わたるは、「ぼくも。」と言っています。ここから、わたるも、まゆと同じクラスになれてよかったと思っていることが分かります。また、「ぼくも。」と言ったときの、「少し赤くなっていた」という様子に注目しましょう。それまでまゆに対してぶっきらぼうな様子で話していたわたるが、まゆと同じクラスになれてよかったという本心を思わず言ってしまったことを、てれくさく思っている気持ちが読み取れます。

❹ まゆは、わたるの様子からその気持ちを思いやって、わたるの心をときほぐすような言葉をかけたり、わたるの気持ちによりそうようなおくりものをあげたりしています。そんなまゆのせいかくにふさわしい言葉を考えましょう。

❶ イ
❷ ウ
❸ かあちゃん、かっこいい。
❹ 例《れい》思いやり〈やさしさ〉

かい説《せつ》

❸ お姉さんのひとりがビンをわってしまっても、自分がすばやくかたづけ、そのお姉さんのことを元気づけて、大切なことを教えているかあちゃんの姿《すがた》を見た「ぼく」は、すっかり感心してしまい、「かあちゃん、かっこいい。」と思ったのですね。

❹ かあちゃんは、仕事場であるスーパーのなかで、お姉さんたちに仕事をてきぱきと教えながら、お姉さんがわってしまったビンの後しまつをきちんとしています。そして、そのお姉さんをしかることなく、笑《わら》ってはげましているところから、仕事をしっかりやりながら、人に対しては思いやりをもってせっする、やさしいせいかくの人物だと考えられます。

❶ イ　❷ おちょうし者
❸ ゆううつ
❹ 例《れい》（なんとなく）きらいにおもえてきた。

かい説《せつ》

❷ 三田《みた》くんは、みんなの前で、父のものまねをされたふき子《こ》がどう思うかなどということはあまり考えていないようです。軽い気持ちでふき子のいやがることをしてしまっている「おちょうし者」だと言えます。

❸ 直後の父に対するふき子の言葉から、父はちょうしがよすぎて、あいそをふりまくから、自分がいやな思いをしているのだという感じょうが読み取れます。そんな父にいや気がさして、ゆううつな気持ちになっているのです。

❹ ふき子は、「ふき子」という名まえが大すきでしたが、父のせいで自分はいやな思いをしているのだと考えて、そんな父がつけてくれた名まえまで、なんとなくきらいにおもえてきたのです。

15 物語 内ようをつかむ ―気持ち・せいかく おうよう 32・33ページ

1 ウ 2 ア
3 ①ウ ②ウ ③イ
4 ア

かい説《せつ》

2 「気《き》の毒《どく》そうにして」とあることから、みんなはゴーシュのことをかわいそうに思っているので、じぶんの楽ふをのぞきこんだり楽器《がっき》をはじいたりして、わざとゴーシュに注目しないようにしているのです。

3 ①〜③〜〜の直後の部分に注目して考えます。①は、楽長に「セロがおくれた。……」とゴーシュがどなられ、ゴーシュは「顔をまっ赤《か》にして額《ひたい》にあせを出しながら」ひいています。②は、楽長に「セロっ。糸が合わない。困《こま》るなあ。……」とゴーシュが注意され、ゴーシュはあわてて糸を直しています。③は、「またかとゴーシュはどきっとしましたがありがたいことにこんどは別《べつ》の人でした。」とのべられています。

4 何度も注意されても、一生けん命ひき続《つづ》けていることから、ゴーシュのせいかくを考えましょう。

16 物語 内ようをつかむ ―気持ち・せいかく おうよう 34・35ページ

1 イ
2 ウ
3 ウ
4 例《れい》おけちゃん、また会える日まで、元気でいてね。

かい説《せつ》

3 ③——は、母牛に大根をまるごと食べさせたら、のどにつまって息ができなくなってしまうので、そうするのはやめてほしい、ということです。日ごろから大切に思っていた母牛が、自分とはなれてからもつらい思いをしないようにと気づかっている言葉であり、母牛に対する深い愛《あい》じょうが感じられます。

4 母牛のマアーッという鳴き声を聞いた島子《しまこ》は、母牛に対する思いを、同じ鳴き声にこめて伝《つた》えようとしています。「ずっと元気でいてほしい」「早く帰ってきてほしい」「子牛のことはちゃんと守るから、心配しないでほしい」などの思いが書けていれば正かいです。

ここまでに読んだ文章で、好《す》きな
ものはあるかな？
同じ人が書いた本や、同じものを
説明《せつめい》している本などをさがして読
んでみると、楽しいよ！

❶ 植物の種《たね》　❷ ウ

❸ （右から）1・4・3・2

❹ 成長《せいちょう》に必要《ひつよう》な養分《ようぶん》・発芽点《はつがてん》

かい説《せつ》

❶ 「それ」よりも前の部分に注目しましょう。土に植えると、やがて芽《め》を出してくきや葉、根が生えるのは、「植物の種《たね》」です。

❷ 「問い」の文からこの文章の話題をとらえましょう。「問い」の文は、[2]の段落《だんらく》に、「せっかく、くきや根までかり取っても、なぜタンポポは生えてくるのでしょうか？」とあります。

❸ 「発芽実験《はつがじっけん》」のやり方が書かれている、[4]の段落を読んで、実験の順《じゅん》をたしかめましょう。

❹ [4]の段落に注目しましょう。「タンポポの根には成《せい》長《ちょう》に必要《ひつよう》な養分《ようぶん》がふくまれていて、その切り口には芽の出るもとになる『発芽点《はつがてん》』ができるため」と、理由を説明しています。

18 説明文《せつめいぶん》 段落《だんらく》と要点《ようてん》をつかむ ―要点

練習 38・39ページ

❶ やぶれにくく、長もちする
❷ ア・エ
❸ 同じように・元のすがたのまま
❹ ア[2]・[3]　イ[4]　ウ[1]

かい説《せつ》

❶ 和紙と洋紙のとくちょうをのべた文をさがしましょう。[1]の段落《だんらく》の一文目に、「和紙には、～という二つのとくちょうがあります。」とあります。

❷ [2]の段落で「やぶれにくさ」と「せんいの長さ」の関係《かんけい》、[3]の段落で「紙が長もちするかどうか」と「作り方のちがい」の関係が書かれています。

❸ [4]の段落に注目しましょう。「正倉院《しょうそういん》」と「世界の博物館《はくぶつかん》や美術館《びじゅつかん》」を例《れい》にあげて、「やぶれにくく、長もちする」という和紙のとくちょうがどのようにいかされているかが説明されています。

❹ それぞれの段落の要点《ようてん》をもとに、段落の役割《やくわり》をつかみましょう。

19 説明文《せつめいぶん》 段落《だんらく》と要点《ようてん》をつかむ ―要点

おうよう 40・41ページ

❶ (1)パスタ・スパゲッティ　(2)[3]
❷ 六　❸ イ
❹ [例《れい》]多くの種類《しゅるい》

かい説《せつ》

❶ (1)[1]の段落《だんらく》の二～四文目に注目しましょう。
(2)「そぼくな疑問《ぎもん》」が書かれている[1]の段落から読み進めると、[3]の段落に「答えを言いましょう。」とあります。

❷ 「スパゲッティ」「マカロニ」「リングイネ」「フェットチーネ」「ニョッキ」「ペンネ」の六つです。

❸ [5]・[6]の段落では、「パスタ」という言葉の意味の変化《へんか》について書かれています。よく読んで、要点《ようてん》をおさえましょう。

❹ [7]の段落二文目の「それで」に注目しましょう。一文目が理由にあたると分かります。

20 説明文《せつめいぶん》 段落《だんらく》と要点《ようてん》をつかむ ―段落の関係《かんけい》 きほん 42・43ページ

① 法律《ほうりつ》・国語

② ひとつの国の中で、いろんな言葉が話されているから

③ イ

④ 例《れい》たくさんの言葉を知ると、相手に大量《たいりょう》の思いを届《とど》けることができるということ。

⑤ ウ

かい説《せつ》

① ①――よりも前の1・2の段落《だんらく》に注目しましょう。

② 理由をのべる「〜から」がつく文をさがしましょう。

③ 8の段落の初《はじ》めに、前の文と反対の内《ない》ようの文とをつなぐ「でも」があります。

④ 8の段落で、筆者は言葉を乗り物にたとえています。三文目で、「乗り物が小さいと、つまり知っている言葉の数が少ないと」とあることから、「大きな乗り物に仕立て」るとは「たくさんの言葉を知」ることであり、それによって大量《たいりょう》の思いを届《とど》けることができると筆者がのべていることが分かります。

---

21 説明文《せつめいぶん》 段落《だんらく》と要点《ようてん》をつかむ ―段落の関係《かんけい》 練習 44・45ページ

① 例《れい》ヤマネが枝《えだ》の下側《したがわ》を移動《いどう》すること。

② 太陽の光・枝の上側

③ バランス

④ イ

⑤ イ

かい説《せつ》

① 「それ」の前の内ように注目しましょう。「ヤマネは枝《えだ》の下側《したがわ》を移動《いどう》します」とあります。

② ヤマネの移動と植物の光合成《こうごうせい》の関係《かんけい》を説明している2の段落《だんらく》に注目しましょう。「植物は〜葉や小枝を枝の上側からのばしています」とあります。

③ 3の段落の内ようをよく読んで、ヤマネが枝の下側を移動するわけの二つ目をおさえましょう。

④ 4・5の段落では、ヤマネの体の色が、敵《てき》に見つかるのをふせぐ役割《やくわり》をすると説明されています。

⑤ 1の段落で「ヤマネが枝の下側を移動するわけ」を話題としてしめし、2・3の段落でその説明をしています。4・5の段落では、ヤマネの体の色が果《は》たす役割について、説明を加《くわ》えています。

22 説明文《せつめいぶん》 段落《だんらく》と要点《ようてん》をつかむ ―段落の関係《かんけい》 練習 46・47ページ

1 クラゲ・つくり
2 かたい・九十五
3 入口・出口・同じ・出入口・前後
4 ア

かい説《せつ》

1 話題をしめす文をさがしましょう。[1]の段落《だんらく》に、「クラゲの体は、どのようなつくりになっているのでしょう?」という問いの一文があります。

2 ミズクラゲの体のつくりについて書かれている、[2]の段落一文目の内ようをおさえましょう。

3 「ほとんどの動物」と「クラゲ」の体のつくりについてくらべながら説明している、[4]~[6]の段落に注目しましょう。

4 [5]の段落の「まん丸なクラゲはどうでしょう。」という一文に注目しましょう。[4]の段落で説明した「ほとんどの動物」とくらべながら、[5]・[6]の段落ではクラゲの体のつくりを説明しています。

23 説明文《せつめいぶん》 段落《だんらく》と要点《ようてん》をつかむ ―段落の関係《かんけい》 おうよう 48・49ページ

1 短・細長・さらさら
2 ア・ウ
3 お米がちがう
4 1・5・6

かい説《せつ》

1 [1]・[3]の段落《だんらく》に注目しましょう。日本とインドの米をくらべながら、そのちがいを説明しています。

2 [4]・[5]の段落には、日本とインドのごはんの食べ方がちがう理由が書かれています。

3 [6]の段落から、手で食べるかおはしで食べるかに分かれた理由を読み取りましょう。

4 [1]・[2]の段落で話題であるお米の形について、[3]~[5]の段落でお米のせいしつについて実験《じっけん》という具体《ぐたい》例《れい》を用いて説明し、[6]の段落で全体をまとめています。

❶ 新しく生みだす　❷ 2・3
❸ 頭・ヘッド　❹ ア
❺ 数え方…例《れい》ゴリゴリ
理由…例えんぴつは、使うために毎日けずらなければならないところが、ペンなどとちがって特《とく》ちょう的《てき》だから。

かい説《せつ》

❶ ①「そんなこと」よりも前の部分に注目しましょう。

❷ ②「このような例《れい》」とは、数え方を新しく生みだした例のことです。「例《たと》えば」から始まる2・3の段《だん》落《らく》に、その例があげられています。

❸ 2の段落をよく読んで、「一頭」は何をヒントに生まれた数え方かおさえましょう。

❹ この文章は、1の段落で話題をしめし、2・3の段落で例を説明し、4の段落で全体をまとめています。

❺ えんぴつのどんな特《とく》ちょうに注目して数え方を考えたかを説明しましょう。

説明文《せつめいぶん》を読んで、もっと知りたいと思うことがあったら、本やインターネットを使って調べてみよう！調べたことを文章にまとめてみてもいいね！

25 物語 全体をつかむ ―場面・気持ちの変化《へんか》 きほん

52・53ページ

❶ イ ❷ すきなもの ❸ 何が見えるかな・何があるかな ❹ だいすき・魔女《まじょ》になる ※順《じゅん》不《ふ》同《どう》

かい説《せつ》

❷ キキは、自分のしょうらいについて、(あたしは自分のすきなものになるんだ。自分で決めるんだ)と、心の中で考えていたことをとらえましょう。

❸ 空中にうくことができたキキは、とても気持ちよく感じ、「もっと高いところを飛《と》んでみよう、もっと、もっと……そしたら何が見えるかな、何があるかな、もっと、もっと……とまるで体と心をもちあげるようなふしぎな興味《きょうみ》がわいて」きたとあります。

❹ キキは、自分のすきなものになるのだと思っていましたが、空中にうくけいけんをしたことをきっかけに、飛ぶことがだいすきになり、大きく気持ちが変《へん》化《か》したのです。

26 物語 全体をつかむ ―場面・気持ちの変化《へんか》 練習

54・55ページ

❶ ア ❷ (1)ひどい・つまらない ※順《じゅん》不《ふ》同《どう》 (2)つめたくて〜んがいる。 ❸ イ・ウ

かい説《せつ》

❶ 直前に、「あんなにここをにげだしたかったのに」とあります。つまり、以前《いぜん》はにげだしたかったが、今はちがうということであり、ゆうすけが動けないのは、帰る気持ちになれなかったからだと考えられます。

❷ (2)パパが考えるような、ひどい所やつまらない所ではないということをしめす、山での生活のみりょくが、直後のひと続《つづ》きの五文に書かれています。

❸ 山小屋に来たころのゆうすけの気持ちは、文章の前のほうに、「ここをにげだしたかった」と書かれています。しかし、山小屋で生活しているうちに、山の自然《しぜん》や人のすばらしさが感じられるようになり、パパがむかえにきた今では、山小屋でくらしたいという気持ちに変《か》わっていたことに気づいたのです。

27 物語 全体をつかむ
―場面・気持ちの変化《へんか》
おうよう 56・57ページ

1 例《れい》うれしい　2 体育の時間～いたのだ。

3 例自分がいてもいなくても、だれも困《こま》らない。

4 例教室にいることが楽しくなり、ピアノ係りをだれにもゆずりたくないと思う気持ち。

例ピアノ係りをとられるのではないかと、不安《ふあん》な気持ち。

かい説《せつ》

3 文章の半ばに、「私《わたし》なんていてもいなくてもだれも困《こま》らないと思っていたのに、……」とある部分に注目します。ピアノ係りになる前は、陽菜《ひな》は自分のことを、だれの役にも立っていないそんざいだと思っていたのです。

4 陽菜は、ピアノ係りとしてみんなにみとめられるようになり、楽しくなっていたのに、ピアノが上手《じょうず》な転校生の登場によって、その気持ちが不安《ふあん》へと大きく変化《へんか》します。人物の気持ちの変化をとらえるときには、そのきっかけとなった出来事などをおさえて考えるようにしましょう。

28 物語 全体をつかむ
―あらすじ
きほん 58・59ページ

1 例《れい》おなかをすかせている子どもに食べさせるため。

2 りょうし・てっぽう　3 ア・イ

かい説《せつ》

3 前半の場面では、りょうしが近くまで来ていることに気づいたおやぎつねが、こぎつねの命のきけんを感じ、「こーんあぶない。はやくにげなさい。」と大きなこえで呼《よ》び、こぎつねをにがしました。後半の場面では、こぎつねが、思いがけないところでぶどうを見つけてたべているうちに、「まっておいで、おいしいものをとってきてあげる。」というおかあさんのこえを思いだし、「そこにぶどうがなっているわけ」がわかったのです。そして、自分のためにおかあさんが取ってくれたぶどうがそこで育って実をつけたのだと気づき、おかあさんにおれいを言ったのです。

おやぎつねがこぎつねのために取ったぶどうがどうなったのかが、文章の中心となります。

29 物語 全体をつかむ ―あらすじ

練習 60・61ページ

❶ ツバメ・落ちて

❷ 例《れい》ツバメが生きかえっ（て、だいぶ元気になっ）たこと。

❸ イ

❹ イ・ウ

かい説《せつ》

❸ 若《わか》い水兵《すいへい》さんは、ツバメに対して「大将《たいしょう》」とよびかけています。ツバメは、水兵さんたちに世話をしてもらい、むねをはって、高らかに鳴くほど元気になり、その様子を見た水兵さんは「いよう、大将、元気だぞ。」と言ったのです。

❹ 文章の前半では、軍《ぐん》かんのかん板の上に落ちてきたツバメの命を水兵さんたちがすくったこと、後半では、水兵さんたちの世話で元気になったツバメが飛《と》びたっていったことをおさえ、その流れにそってあらすじをまとめます。ツバメと水兵さんたちとの交流の様子が文章の中心となっています。

30 物語 全体をつかむ ―あらすじ

練習 62・63ページ

❶ 例《れい》大きな黒いかわの、ふくらんださいふ

❷ 例いちばんおしまいのお客〈くまそっくりのしんし〉

❸ くま・びっくり

❹ 例ねている顔はくまそっくりだったが、目ざめた顔を見て、松井《まつい》さんは、くまに見えたのは目のまちがいだったと思った。

かい説《せつ》

❸ ③――の前に、「しんしの顔が、まるで、くまそっくりに見えた」「びっくりした松井《まつい》さんは」とあることから、松井さんはしんしの顔にびっくりして、ハンドルをきりそこないそうになったことをとらえます。

❹ 松井さんは、客席《きゃくせき》にわすれられていたさいふの中の「熊野熊吉《くまのくまきち》」と書かれためいしから、今夜のおしまいのお客のすがたをおもいだしました。（　）には、「熊野熊吉」という名前と、そのお客の様子とのむすびつきが分かる部分をまとめます。松井さんが見たお客の様子と、松井さんがおもったことが、「くま」「目のまちがい」という言葉を使って書けていれば正かいです。

31 物語 全体をつかむ ―あらすじ

おうよう 64・65ページ

❶ しも・息をかけて・つめたそうな
❷ ウ
❸ イ・ウ・ア

かい説《せつ》

❶ 文章の、寒い季節《きせつ》に特有《とくゆう》の様子や、寒いときにする行動や、寒さを表す景色《けしき》をえがいているところに注目しましょう。

❷ 寒くなってきたので、シロは南にいかなければならず、そのために清三《せいぞう》は、シロをがけのはしまでつれていき、なげあげました。しかし、シロが、清三のあしもとにもどってきてしまったので、シロがもどってこないようにするために、清三はわあわあとさけびながら、ぼうきれをふりまわし、シロを追いはらおうとしたのです。

❸ シロを南へいかせたいと考えている清三の行動に対して、シロがどうしているかを順《じゅん》にとらえて、あらすじをまとめましょう。

32 物語 全体をつかむ ―あらすじ

おうよう 66・67ページ

❶ 例《れい》耳がよくなる
❷ イ
❸ 例つぼみさんは、畑で二ひきのウサギがダイコンをぬいているのを見て、むすめがウサギだったことに気づいた。
❹ 例まほうのききめが、耳がよくなることだというところです。なぜなら、耳が長いウサギが作ったダイコンのまほうにぴったりだからです。

かい説《せつ》

❸ 文章の最後《さいご》で、つぼみさんが、山の畑にいるウサギを見て、むすめの正体に気づいた部分の内ようをまとめます。

❹ むすめが、まほうのダイコンのききめについて話していること、つぼみさんがその話を聞いてなっとくしていること、山の畑でウサギがダイコンをぬいているのを見たつぼみさんが、むすめの正体に気づいたことなど、この文章では、ふしぎなことが語られています。自分がおもしろいと感じた場面とその理由が書けていれば正かいです。

33 説明文《せつめいぶん》 文章の全体をつかむ ―事実と考え

きほん 68・69ページ

① ウ ② こんな国でありたい
③ ルール・こまる
④ 考え・自由・権利《けんり》

かい説《せつ》

① □のある文に、「〜とかだ」とあるので、前の文の例《れい》をあげていると分かります。例をあげて説明するのに合う言葉は、「たとえば」です。

② 第一段落《だいいちだんらく》に、「こんな国でありたいっていう宣言《せんげん》が、その国の『憲法《けんぽう》』ということになる」とあります。

③ 後の二つの段落に注目しましょう。「学校のクラス」の「ルール」を例にあげて、「国」の「憲法」について説明しています。

④ 筆者は、第一段落で憲法がどのようなものかを説明し、第二・三段落で「学校のクラス」を例にあげてルールを守るたいせつさについてのべ、最後《さいご》の段落で考えをまとめています。例と筆者の考えを分けて読み取りましょう。

34 説明文《せつめいぶん》 文章の全体をつかむ ―事実と考え

練習 70・71ページ

① (1)電気をたくさん消費《しょうひ》する
(2)再開発《さいかいはつ》や持ち主の都合
② 二十四年 ③ ア
④ 地球《ちきゅう》かん境《きょう》・私《わたし》たちの暮《く》らし
⑤ 例《れい》かん境を考りょした、長持ちする家をつくること。

かい説《せつ》

① 1・2の段落《だんらく》から読み取りましょう。

② 前の部分から、高度経済成長期《こうどけいざいせいちょうき》に入ってからの日本の「家が建《た》っている期間」が「ずいぶん短くな」ったこと、その平均《へいきん》が「約《やく》二十四年」であったことがのべられています。

③ 1〜3の段落では、高度経済成長期の日本において、どのような家のつくられ方をしていたかという事実が説明されています。

④ 4・5の段落から読み取りましょう。

⑤ 6の段落で、筆者の考えがまとめられています。

35 説明文《せつめいぶん》

文章の全体をつかむ ――事実と考え

おうよう 72・73ページ

1 仕事 2 勉強・知識《ちしき》や経験《けいけん》・心のケア
3 ア 4 やり続《つづ》けて・こうけん
5 例《れい》おもしろいまん画をかいて、友達《ともだち》に読んでもらうこと。

かい説《せつ》

1 文章中にくり返し出てくるキーワードを見つけましょう。

2 ――のすぐ後に、「例《たと》えば」とあることに注目しましょう。具体的《ぐたいてき》な例《れい》をあげて説明しています。

3 □の前の内ようが、後の内ようの理由になっているので、「だから」が合います。

4 筆者は、最後《さいご》の三つの段落《だんらく》で自分の考えをのべています。

5 文章中にあるように、「『仕事』っぽいもの」でも、そうでなくてもかまいません。自分が今うちこんでいることや、しょう来取り組みたいことを書けていれば正かいです。

---

36 説明文《せつめいぶん》

文章の全体をつかむ ――要約《ようやく》する

きほん 74・75ページ

1 ひらがな・カタカナ ※順不同《じゅんふどう》
2 ①部分 ②役所 ③日記 ④全体 ⑤和歌
3 (1)ウ (2)エ (3)イ ※(2)・(3)は順不同

かい説《せつ》

1 1の段落《だんらく》の最初《さいしょ》の文に「ひらがなもカタカナも」とあります。「ひらがな」「カタカナ」は文章中でくり返し出てきます。

2 2～4の段落では「カタカナ」について、5・6の段落では「ひらがな」について書かれています。それぞれのつくられ方と使われ方を読み取りましょう。

3 2で読み取ったことをもとにして要約《ようやく》することができます。ひらがなとカタカナの同じ点は「九～十世《せい》紀《き》ごろにできた」こと、「漢字」をもとにつくられたことです。ちがう点は、カタカナは「漢字の部分」をもとにつくられ、役所や男性《だんせい》の日記などで使われたのに対し、ひらがなは「漢字の全体」をもとにつくられ、和歌の世界で使われたことです。

37 説明文《せつめいぶん》 文章の全体をつかむ ―要約《ようやく》する 練習 76・77ページ

❶ 発光生物の光の色

❷ 深いところ

❸ イ

❹ もっとも強い色・（もっとも）効率《こうりつ》がよい

❺ (1)赤　(2)白　(3)青　(4)緑　(5)光

かい説《せつ》

❶ 第一《だいいち》段落《だんらく》で話題がしめされています。「発光生物」「光」「色」という言葉は、文章中でくり返し出てきます。

❷❸ 第五段落で「海の中の発光生物」が「青色」に光る理由、第七段落で「陸上《りくじょう》の発光生物」が「緑色」に光る理由が書かれています。

❺ 段落ごとの内ようをおさえましょう。第一段落で「発光生物の光の色」という話題をしめし、第二段落で「赤」、第三段落で「白」、第四・五段落で「青」、第六・七段落で「緑」に光る生物について説明しています。「海の中」「陸上」の色の理由については、第五段落に「光の性質《せいしつ》」という表げんがあります。

38 説明文《せつめいぶん》 文章の全体をつかむ ―要約《ようやく》する 練習 78・79ページ

❶ [1]

❷ チョウやミツバチ、ハナアブなど

❸ 花粉《かふん》・エサ

❹ 例《れい》 タンポポの花のみつや花粉

❺ ア

かい説《せつ》

❶ [1]の段落《だんらく》で、問いかけの形で話題をしめしています。

❸ [3]の段落で、「つまり、タンポポはミツバチにエサを提供《ていきょう》することで、結果《けっか》として種子《しゅし》を実らせることができるというわけです。」とまとめています。

❹ 前の部分に注目しましょう。「タンポポの花には、みつや花粉《かふん》があります。そのみつや花粉は、こん虫たちにとって大切なエサになります。」とあります。

❺ [2]・[3]の段落で説明したことをもとに、[4]の段落で、タンポポとミツバチの関係《かんけい》が「取り引き」と言える理由をまとめています。この内ようを中心に要約《ようやく》したものを選《えら》びましょう。

39 説明文《せつめいぶん》 文章の全体をつかむ —要約《ようやく》する　おうよう　80・81ページ

① (1)いつまでも今の状態《じょうたい》を続《つづ》けていくことができるという意味。
(2)化石燃料《かせきねんりょう》・かく燃料

② 半永久的《はんえいきゅうてき》・(自然《しぜん》)かん境《きょう》

③ 例《れい》社会を「持続可能《じぞくかのう》である」状態に変《か》えていくには、再生可能《さいせいかのう》エネルギーにたよっていくことが大切だ。

かい説《せつ》

① ——の前後に注目して読み取りましょう。

② 第四段落《だんらく》に「こういった特《とく》ちょう」とあるので、その前の部分から読み取りましょう。

③ 第三段落で、「では、わたしたちの社会を『持続可《じぞくか》能《のう》である』状態《じょうたい》に変《か》えていくには、どうしたらよいのでしょうか？」と問いかけ、第四段落で「その一つの大きな選《せん》たくしが、再生可能《さいせいかのう》エネルギーを使うということです。」と答え、最後《さいご》の段落でまとめています。この内ようを、五十字以内《いない》で要約《ようやく》しましょう。

40 説明文《せつめいぶん》 文章の全体をつかむ —要約《ようやく》する　おうよう　82・83ページ

① 四季《しき》それぞれの美しさ　② 季語

③ 自然《しぜん》との関《かか》わり合いで成《な》り立《た》っている

④ (1)例《れい》季節《きせつ》を味わう心
(2)例自然とともに生きていく一人ひとりの日々の暮《く》らし

⑤ 例わたしは、春が好《す》きです。好きなところは、きれいな花がたくさんさくところです。

かい説《せつ》

① ①——の前から読み取りましょう。

② □の前後に注目すると、俳句《はいく》に「必《かなら》ず使わなければならない」「季節《きせつ》をあらわす言葉」、つまり「季語」が入ると分かります。

④ 最後《さいご》の段落《だんらく》を中心に、「こうして」の指す内ようを読み取ってまとめましょう。

⑤ 好《す》きな季節と、その季節のどんなところが好きなのかが、具体的《ぐたいてき》に書けていれば正かいです。

41 ずい筆 言葉を味わう

きほん 84・85ページ

1 イ・ウ
2 大きな喜《よろこ》び〈特別《とくべつ》な喜び〉・感謝《かんしゃ》
3 イ

かい説《せつ》

2 「ぜひそうなってみる」の「そう」は、筆者の言うところの「欲《よく》ばりになること」を指しています。そして、その「欲ばり」の内ようは、前の部分でのべられている、ほかの人のために時間をつかい、そのことによって大きな喜《よろこ》びをもらい、感謝《かんしゃ》されるということです。そうなってみることを、筆者はすすめているのです。

3 筆者は最後《さいご》のまとまりで、人間であることを味わいつくそうと言っています。それは、人間にしかできない「見も知らない人のためにも自分の時間をつかう」ことで、前のまとまりにあるように、「人と人とが思いやりをもってはげましあい、支《ささ》えあっていこう」ということなのです。

42 ずい筆 言葉を味わう

練習 86・87ページ

1 お客（さん）・自室〈自分のベッド〉
2 ある昼下が〜しまった。
3 動物
4 イ

かい説《せつ》

2 筆者が体験《たいけん》した、実さいに起こった出来事が書かれている部分をさがします。

3 「こういう経験《けいけん》」は、前の部分でのべられている、筆者とゾウとの間の出来事を指しています。それらをまとめると、どのような経験と言えるのかを考えます。

4 最後《さいご》のまとまりで、筆者は「共有《きょうゆう》している時間のこさの中で、ある時ふっと、複雑《ふくざつ》な会話が成立《せいりつ》するのである」とのべています。つまり、具体例《ぐたいれい》をとおして、動物といっしょに親しく時間をすごしているうちに、こみいった会話ができることがあるということをのべているのです。「必《かなら》ず」会話ができるとは書いていないのでアはまちがい、時間が長ければ理《り》解《かい》できるわけではないのでウもまちがいです。

1 支《ささ》え合《あ》う
2 いたわり・他人の痛《いた》みを感じること・やさしさ
3 友達《ともだち》・（ああ）痛かった
4 イ

かい説《せつ》

2 前の部分の「　」をつけてしめされている言葉を書きぬきます。「　」をつけて答えていても正かいです。

3 直後の「例《たと》えば」で始まる二文の内ように注目しましょう。

4 最後《さいご》の二つのまとまりに注目します。「この根っこの感情《かんじょう》」とは、「いたわり」「他人の痛《いた》みを感じること」「やさしさ」などの言葉で表される感情のことです。このような感情が自己《じこ》の中にしっかり根づいていけば、他民族《たみんぞく》へのいたわりの気持ちもわき出てくるのであり、そのような自己をつくっていけば、人類《じんるい》は仲《なか》よく暮《く》らしていけると、筆者はうったえています。「本能《ほんのう》ではない」「訓練《くんれん》をしてそれを身につけねばならない」とあるので、アはまちがい。「家族を中心とした社会にもどる」とは書いていないので、ウもまちがい。

ずい筆の読み方

ずい筆を読むときには、筆者の体験《たいけん》・事例《じれい》と感想・意見に注目しましょう。

例 88・89ページ

【文章】司馬遼太郎《しばりょうたろう》『二十一世紀《せいき》に生きる君たちへ』

・筆者の体験・事例
…人という文字は、ななめの画がたがいに支《ささ》え合《あ》って構成《こうせい》されている。
…人間は、社会をつくって生きている。

・感想・意見
…社会をつくり助け合うことが、人間にとって大きな道徳《どうとく》になっている。
…助け合う気持ちや行動のもとは、「いたわり」という感情《かんじょう》である。
…私《わたし》たちは訓練《くんれん》をして、「いたわり」の感情を身につけねばならない。
…それが根づけば、二十一世紀は人類《じんるい》が仲《なか》よしで暮《く》らせる時代になる。

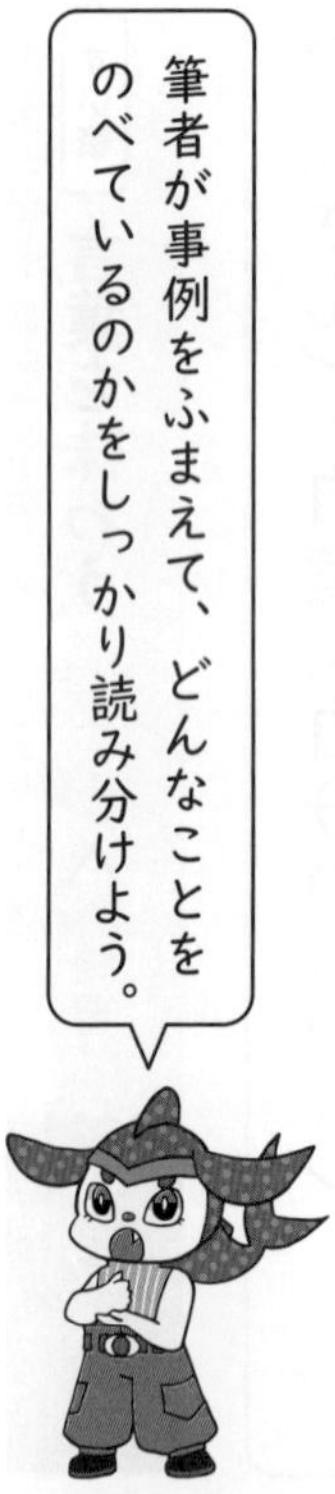
筆者が事例をふまえて、どんなことをのべているのかをしっかり読み分けよう。

44 詩 言葉を味わう きほん 90・91ページ

❶ あつまれ
❷ ア
❸ きびしさ
❹ ウ

かい説《せつ》

❷ 西瓜《すいか》のまわりに家族をよんで、西瓜を食べるためにいよいよ真二つに切ろうとしています。――の「西瓜だ」という強い言い切りの表げんから、二つに切った西瓜の真《ま》っ赤《か》にうれておいしそうな中身を思いうかべて、はずんでいる気持ちが伝《つた》わってきます。

❹ □の部分では、冬に対して、「ぼくに来い、ぼくに来い」とくり返しの表げんを使ってよびかけています。また、「ぼく」は冬の力になり、「ぼく」のえじきになる(＝「ぼく」が冬に打ち勝つ)と言っています。きびしい冬に負けることなく立ち向かっていこうという、強く前向きな気持ちが感じられます。

45 短歌・俳句《はいく》 言葉を味わう きほん 92・93ページ

❶ イ
❷ あたたかさ
❸ (1)③春 ④冬 (2)ア (3)イ

かい説《せつ》

❷ 自分が寒いと感じていることを、相手も感じていると会話でたしかめることは、ひとりぼっちではないということをたしかめることになります。作者は、そんな安心感を、「あたたかさ」という言葉で表げんしているのです。

❸ (1)③は「春の海」とあるので、季節《きせつ》は春です。④の「大根《だいこ》」は冬の季語なので、季節は冬です。

(2)「のたりのたり」からは、ゆったりとしていて、のどかな様子が感じられます。

(3)「大根で道を教えけり」の意味は、「ぬいたばかりの大根で道を教えてくれた」とあります。大根をしゅうかくしていた人が、その大根で行く先を指して、道を教えてくれたということです。

46 詩・短歌・俳句《はいく》 言葉を味わう 練習 94・95ページ

❶ コスモス・とうきび
❷ ア ❸ 香〈におい〉・冬
❹ ウ

かい説《せつ》

❷ さわやかな朝に、かすかな秋を発見したよろこびを感じた作者は、何かよいことが起こりそうな予感がして、その期待感から、うれしい知らせをとどけてくれる「郵便《ゆうびん》」を連想《れんそう》したのだと考えられます。

❸ 作者が生きていた時代は、子どもたちはふつう着物を着ていました。作者は、そのそでの中に入っているみかんのにおいをかいで、冬がやってくることを感じ取ったのです。

❹ 作者からは、木を切っている人も、たおれる木のすがたも見えていませんが、こだまとなって聞こえてきた木をたおす音が大きかったために、大木がたおれたのだと分かったのです。どっしりとした力強さが感じられる俳句《はいく》です。「夏山」とあるので、夏の季節《きせつ》をうたっています。

47 詩とかんしょう文 言葉を味わう 練習 96・97ページ

❶ 1・2・3 ❷ イ
❸ がんばった・いやな〈きたない〉・きたない〈いやな〉
❹ 農民《のうみん》〈お百しょう〉・決意

かい説《せつ》

❷ 【かんしょう文】で、この詩の作者の宮沢賢治《みやざわけんじ》は、農業の仕事を始めることになり、「ぎちぎちと鳴るきたないてのひら」は「土にまみれたお百しょうの手のひら」のことだと書かれています。

❸ 【かんしょう文】の「ここでの『ぎちぎちと鳴るきたないてのひら』とは」の後の部分に、——の表げんに対する筆者の考えがのべられています。

❹ 詩の1〜3行目には、春の光景《こうけい》がえがかれていて、4・5行目に、作者の思いがうたわれています。【かんしょう文】の二文目に、「詩の最後《さいご》の二行には、これから農民《のうみん》として暮《く》らしていく決意がこめられています。」と書かれているので、この部分から作者の思いをとらえましょう。

48 短歌《たんか》・俳句《はいく》とかんしょう文 言葉を味わう おうよう 98・99ページ

❶ ほおじろ・高いけやきの木の上
❷ 喜《よろこ》び・ほおじろ
❸ かわいらしく・かたつむり
❹ 例《れい》赤ちゃん・例ぬいぐるみ

かい説《せつ》

❶ 【かんしょう文】の一文目に注目します。二文目を読むと、山にも春がおとずれ、そんな景色《けしき》の中でさえずっているほおじろの様子が想像《そうぞう》できます。ほおじろは、山にすむ、すずめににている小鳥で、ほおが白く、おすが美しい声でさえずります。

❷ 【かんしょう文】の最後《さいご》の文で、筆者が、作者のどのような思いがどのように歌われているのかについてのべています。

❹ 「ねこの子にかがれているやかたつむり」の俳句《はいく》の形を借《か》りて、自由に俳句を作ります。俳句には、季《き》節《せつ》を表す言葉を入れて作るという決まりもありますが、今回は、形式が合っていれば正かいです。

49 説明文《せつめいぶん》 くらべて読む きほん 100・101ページ

❶ 例《れい》群《む》れをつくって泳ぎながら移動《いどう》する
❷ イ ❸ ウ ❹ ア

かい説《せつ》

❶ ①――の前の段落《だんらく》に、「エサがたくさんある場所、……を求《もと》めて、群《む》れをつくって泳ぎながら移動《いどう》しま す」とあります。

❷ 最初《さいしょ》の段落に、クロマグロが回遊する理由が書かれています。冬は寒いので、あたたかい場所を求めて移動することが分かります。

❸ 「大洋」は「広い海」、「航海者《こうかいしゃ》」は「船で海をわたること」という意味です。スケールの大きな回遊を行うクロマグロを広い海をわたる「航海者」にたとえていることが分かります。

❹ ===の次の段落に、「黒潮《くろしお》は沖縄《おきなわ》本島の近くで、太平洋がわと日本海がわに分かれて北へむか」う流れであるという説明があります。よって、沖縄から北へ向かう矢印《やじるし》のアが正かいです。

50 説明文《せつめいぶん》 くらべて読む きほん 102・103ページ

① 温室効果《こうか》ガス・三十　② ア
③ 海そうや植物プランクトン・はい出量《しゅつりょう》

かい説《せつ》

① ①――の前にある、「海は大気中の二酸化炭素《にさんかたんそ》を吸収《きゅうしゅう》」「人間の活動によって大気に放出された二酸化炭素のうち、約《やく》三十パーセントを吸収」「海が温室効果《こうか》ガスである二酸化炭素を吸収」という部分から読み取りましょう。

② 【図】は、「いそ焼《や》け」(海そうなどの数が減少《げんしょう》してしまうこと)の原いんを示《しめ》したグラフです。これを見ると、主な原いんは「ウニの食害《しょくがい》」「魚の食害」「海水温の上しょう」であることが分かります。つまり、「海水温の上しょう」によりウニや魚が活発になり、「食害」が起きていることが分かります。

③ ③――の前の部分から、「海そうや植物プランクトン」の減少により、二酸化炭素を吸収できずにいること、二酸化炭素のはい出量《しゅつりょう》が増加《ぞうか》していることを読み取りましょう。

51 説明文《せつめいぶん》 くらべて読む 練習 104・105ページ

① 例《れい》 し柱と同じ高さになったら、先たんの芽《め》をつみ取る作業。
② ①エ　②ア　③ ③イ　④ウ　④ ウ・イ

かい説《せつ》

① 「てき心《しん》」は【資料《しりょう》1】の「2.せん定・管理《かんり》」から読み取ります。「し柱と同じ高さになったら、先たんの芽《め》をつみ取る」とあります。

② ①は、ミニトマト作りのじゅんびをしているのでエ、②は「実をとる」とあるのでアが正かいです。

③ 「材料《ざいりょう》」と「作り方」を見ると、③が「ミニトマト」、④が「塩《しお》・コショウ」であることが分かります。

④ 【資料1】では、ミニトマトの育て方の作業を、手順《てじゅん》にそって図を用いながらしめしています。【資料2】では、ミニトマトのチーズ焼《や》きの作り方を、おいしく作るためのポイントと合わせてしめしています。

52 説明文《せつめいぶん》 くらべて読む 練習 106・107ページ

❶ まちなか…案内《あんない》・ゆう動サイン
商品…シャンプー・リンス、お酒のかん
❷ 年れい、性別《せいべつ》、障《しょう》がいの有無《うむ》・製品《せいひん》やし設《せつ》
❸ ア ❹ 利用《りよう》・(みんなが)住みやすい・行動

かい説《せつ》
❶ 【資料《しりょう》】の「まちなかのUD《ユーディー》」と書かれている部分には「案内《あんない》・ゆう動サイン」、「UDの商品」と書かれている部分には「シャンプー・リンス」「お酒のかん」が取り上げられています。
❷ 【文章】の「年《ねん》れい、性別《せいべつ》、障《しょう》がい……デザインする」というUDの説明の部分から読み取りましょう。
❸ 【資料】「UDの実せん」の「エスカレーター」には「エスカレーターを歩くのは、きけんな行動」とあるので、「歩かないで利用《りよう》する」とあるアが正かいです。
❹ 【文章】にはUDの説明が、【資料】には具体例《ぐたいれい》が書かれているので、それらから読み取りましょう。

53 説明文《せつめいぶん》 くらべて読む おうよう 108・109ページ

❶ おえなくなる
❷ 足あと・後ろに下がって・待ちぶせ
❸ 例《れい》こうげき・例見つからない
❹ 動物…例ラクダ 工夫《くふう》…例さばくで食べ物がないときも生きていけるように、えいようをしぼうにかえて、せ中のこぶにためておくという工夫。

かい説《せつ》
❶ 次の段落《だんらく》に、「しつけをされていないりょう犬は、……足あとがおえなくなるとりょう師《し》さんのところへもどってきてしまう」とあります。
❸ 【文章】で説明されているクマの工夫《くふう》は、「おってくる敵《てき》をぎゃくにこうげきすること」なので、アには「こうげき」が、イはその前の会話の内ようから、「周《まわ》りのけしきにとけこんでいる」とあるので「見つからない」などが入ります。にた表げんなら正かい。
❹ 動物が生きていくために工夫していることを書きましょう。思いうかばなかったり、分からなかったりした場合は、本や図かんで調べてもよいです。

54 説明文《せつめいぶん》

くらべて読む

おうよう

110・111ページ

1 地形・樹木《じゅもく》がしっかりと大地に根を張《は》っていない

2 木の根・落ち葉・地中

3 1位《い》、3位

4 あみ・けい　※順不同《じゅんふどう》

5 例《れい》災害《さいがい》をふせいだり、かんきょうを守ったりするために、森林の手入れを行うことが大切だと思った。

かい説《せつ》

1 第二段落《だいにだんらく》に、「樹木《じゅもく》がしっかりと……が原いん」とあります。

2 前で、「木の根が張《は》り、……ためておくことができる」と説明《せつめい》されています。

3 【文章】に、土砂《どしゃ》くずれを「未然《みぜん》に防《ふせ》ぐ」、「たくわえた水の……河川《かせん》に送り出」すとあるので、二〇一九年の1位と3位が当てはまります。

4 こうさんやりこさんの言っていることは、【文章】にも【資料《しりょう》】にもありません。

くらべて読むとき

文章や資料《しりょう》などをくらべるときは、同じところ・ちがうところに注目しましょう。

例 110・111ページの【文章】と【資料】と【会話】

【文章】『本当はすごい森の話』

【資料】『林野庁《りんやちょう》「林業白書《りんぎょうはくしょ》」』

【会話】あみ・こう・りこ・けいの会話

・同じところ…森林の働《はたら》きについてのべている。

・ちがうところ

…【文章】は、災害《さいがい》や土、水との関係《かんけい》から森林の働きをのべている。

…【資料】は、一九八〇年と二〇一九年の、森林に期待する働きの1位から3位をあげている。

…【会話】は、【文章】と【資料】から読み取れることを話し合っている。

同じところとちがうところが分かると、【文章】と【資料】と【会話】のつながりに気づくことができるね！

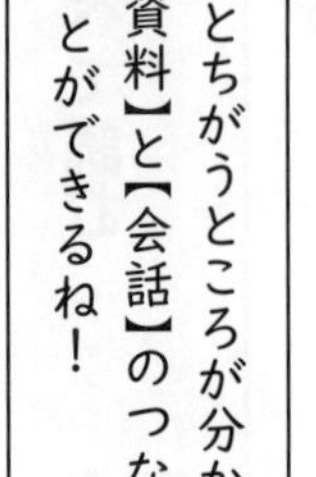

55 物語 たしかめテスト①

112・113ページ

❶ 妹〈リエ〉・しかられ・ねこ・うろうろ

❷ イ　❸ イ・エ

❹ 例《れい》おちこんで〈うんざりして・元気をなくして〉・例《れい》妹のためにがんばろう〈ねこをもらってくれる家をみつけよう〉

かい説《せつ》

❷ ねこをもらってくれる家がみつからず、とほうにくれ、これが妹のせいだというおもいもあったので、なげやりな気持ちになってしまっているのです。

❸ リエは、ぜんそくがなおったら、だいすきなねこがかえるのではないかと考えているのです。

❹ 「ぼく」は、夕方になってもねこをかかえてうろうろしなければならないじょうきょうに、おちこんでいました。でも、自分の病気のせいでねこがかえないのだとおもい、なおったらねこをかいたいと願《ねが》っていることが分かるリエの言葉を聞いて、リエのためにも、ねこをもらってくれる家をみつけようとがんばる気持ちになっていることをとらえましょう。

56 説明文《せつめいぶん》 たしかめテスト②

114・115ページ

❶ (1)エコーロケーション　(2)反射《はんしゃ》・エサ

❷ メロン　❸ ア　❹ イ

かい説《せつ》

❶ ――の前後では、イルカの「エコーロケーション」という能力《のうりょく》について「クリックスを……などを知ることができる」「前方に……エサはいないかといったことをすばやく知ることができる」とあります。

❷ 図の ア が指している部分はイルカのおでこなので、「メロン」が当てはまります。

❸ イ の前ではイルカの耳の形について、後ではその耳が音の通り道になっていないことを説明《せつめい》しています。耳が音を聞く器官《きかん》だという予想される事がらとは反対のことを説明しているので、「しかし」が当てはまります。

❹ 第四段落《だいよんだんらく》でイルカの音の聞き方が説明されています。下アゴ↓骨《ほね》・しぼう↓おくの部分↓中耳《ちゅうじ》や内耳《ないじ》という音の伝《つた》わり方《かた》がとらえられます。

① イ ② 例《れい》体も心もらくになっていく。
③ 自然《しぜん》・(自分の)ペース・たのしんで
④ 例図書館・例静《しず》かなところで、自分の世界に集中できるから。

かい説《せつ》

② 【かんしょう文】の「そこで人々は、体も心もらくになっていきます」という文に着目します。「そこ」は、公園を指しています。

③ 【かんしょう文】の三文目で、詩の〜〜の表げんについて説明されています。「水」や「木木のこずえ」をたとえに用いて、公園での人々の様子を表しています。

④ 詩の作者は、自分の座《すわ》るところがどこでも公園になったらいいと考えています。あなたなら、どんな場所になるとよいと思うかを、自由に想像《そうぞう》をふくらませて考えてみましょう。自分の考えをのべるときは、その理由もそえるようにすると、より伝《つた》わりやすくなります。

① ウ
② 食べても安全な・おいしく食べることができる
③ ア× イ○ ウ○ エ× ④ ①

かい説《せつ》

① 「過《か》じょう除去《じょきょ》」は、「食べものの皮《かわ》やしん、骨《ほね》などを取《と》り除《のぞ》く時に出る」と説明されています。

② 【資料《しりょう》】の左下の部分で、それぞれの説明がされています。

③ アは【文章】【資料】ともに読み取れないので×です。イは【文章】の最後《さいご》に「日本料理《にほんりょうり》では……過じょう除去が少なくない」とあるので○です。ウは【資料】左上に「年間約《やく》600万トンの食品ロスが発生しています」とあるので○です。エは【資料】右下に「もし、食べきれなかった場合は、……工夫《くふう》しましょう」とあるので×です。

④ 【文章】を見ると、①の説明で、「期限切《きげんぎ》れや、……といった食品」とあり、これらは家庭では発生しない食品ロスと読み取ることができます。